JN035232

真実の道

道を啓いた先人・先輩の教話集

【ひながた編】

道友社編

道友社

はじめに

本書は、立教一八五年に上梓(じょうし)された『真実の道　道を啓いた先人・先輩の教話集』の「おたすけ編」「信仰編」に続く、「ひながた編」として、主に『みちのとも』で過去に掲載された膨大な教話のなかから、教祖のひながたにまつわる選(え)りすぐりの原稿をまとめたものです。

第一章「教祖の道具衆として」には、ひながたを心の頼りに、たすけ一条に徹して通りきった先人・先輩の歩みを、第二章「教祖の親心を求めて」には、ひながたを通る意味を問い直し実践を促す教話を、第三章「教祖との思い出」には、教祖に直接お仕えした先人の貴重な証言を、それぞれ収載しています。

掲載にあたっては、文字の表記を現代仮名遣いにし、句読点を補うなど適宜改めました。また巻末には、読み進めるなかで随時ひながたの史実を確認することのできるよう参考年表を掲載しました。

このたび教祖百四十年祭に向かううえでご発布いただいた「諭達第四号」には、「ひながたの道を通らねばひながた要らん。（略）ひながたの道より道が無いで」（明治二十二年十一月七日）とのおさしづが引用されたうえで、「教祖年祭への三年千日は、ひながたを目標に教えを実践し、たすけ一条の歩みを活発に推し進めるときである」とお示しいただいています。

全教が教祖百四十年祭へ向けて三年千日の年祭活動に歩み出した今の時旬に、本書が全教よふぼくの成人の歩みの一助となれば幸いです。

立教一八六年四月

編　者

目次

第三章　教祖との思い出

第一章

教祖の道具衆として

伸び広がる教祖の教え

大正十年三月号

深谷源次郎

ふかや・げんじろう

天保十四年、京都市に生まれる。明治十四年、近所に住む知人に誘われ、お道の話を聞き入信。十五年、右目のお手入れをご守護いただいたのをきっかけに信仰信念を固める。「けっこう源さん」と慕われ、「病人は喜ばさにゃ神様のご守護はない。いずますようではたすからん。陽気に神が入り込んでくださるのや」との信仰信念のもと、白熱的布教を展開する。十七年、教祖から斯道会結講のお許しを頂き、講元となる。二十二年、河原町分教会（現・大教会）を設立。その後、燎原の火のごとく教勢は伸び広がる。大正十二年、八十一歳で出直し。

なるほど結構な道

私は明治十四年に初めてお道のお話を聞かしてもろうたのですが、聞けば聞くほど、なるほどそうや、ありがたいということが分かってきて、だんだん聞かしてもらうようになったのです。そして、おぢばへ帰らしてもろうて教祖からお話を承るのですが、何ぶん、その時分には仏教が盛んで、教祖の所へ寄りつこうものなら、やかましく言うて、一遍お話を聞かしてもらうにしても、なかなか容易なことではなかったのです。そのなかを、私は京都から三遍ほど来て、教祖からお話を聞かしてもろうて、そして心定めをし、何をしてもお道のために働かしてもらおうというようになったのです。

私はこのお道を聞かしてもろうて、「なるほど結構な道や。親神様が人間をお創めくださるために、あれほど御苦労くだされたのか。一つ自分は、どんな貧に陥ってもかまわん、お道のために尽くさしてもらわなならん、奔走さしてもらおう」と心を定め、それからは仕事もせんと、大和へ帰る、そうか、おたすけ出さしてもらうというのですから、金は使う一方です。それでしまいには、金を借りていても利息がつもるから、着物を売る。家を売る。そうして身の周りの物は何にもないようになってしもうたのです。

そんな塩梅（あんばい）やから、町内の人たちは心配してくれて、「おまえさん、このごろはどうしているのや。また大和の婆（ばば）に騙（だま）されたんやろ。そんなことしてたら、末では無一物で難儀せんならんから、やめたらよかろう……」と言ってくださるのです。私はいつも「それはご親切にありがとう。しかし、私はいずれ物乞いをするつもりやから、まあほっといておくれ。私は毎日こうしてぶらぶらしているのやから、どうせ食い倒しせな仕様（しよう）がない。まあほっといとくれ」と言うていると、その人は、自分が意見してみても何の効き目もないから「どうぞ隠居さん、あんたから意見しておくれ」と、私の父のところへ言うていく。そうすると父は「私は何も構わん。息子に任してしもうたものを、息子がどうしていようと構わん」と言ったので、その人も呆（あき）れて帰りました。

親類からも、見てられんというて意見しに来る。そして「いまそんなことをして、大和の婆に騙されて夢中になっているが、末で後悔をせんようにしてくれ」と言うのです。で、私は「教祖はな、いまこうしてつくし・はこびをしておけば、末で立派な日が来るでと言うてくだされるから、まあほっといておくれ」と言うて、方々から意見してくれるのも聞かんと、着物は売る、道具も売るというふうになっていきました。

たすけられたご恩

その時分には、天理教に対する警察の干渉はそれは厳しいもので、ちょっと話をしてても巡査が止めに来る。そして叱り飛ばす。それでも、おたすけはどんどん上がっていくのです。目が見えんという、それに息をかけると目が開く。足が立たん、おさづけをすると立つ。すると、なるほど天理さん——その時分はまだ天理教とは言わなかった——は感心やというて信徒になるというふうで、だんだんとご守護を頂いて、やっと三十軒ほど出来てきた。

そしたら巡査がやって来て、「おまえは天理さんを信心しているそうやが、そんなものを信心してはいかん。大和の婆は牢へ入っている。神様が牢へ入っているようなものは嘘じゃ。やめとけやめとけ」と言うてやめさせる。すると信仰の浅い者は、それでやめてしまう。

私はその信者に、巡査が帰ってから「たすけてもろて恩を忘れるようではいかん。なんぼ巡査がやかまし言うても、それに心が怖じけるようでは、大恩を忘れることになる。神様を簞笥の中に入れて、お祀りしておけ」と言うて、簞笥の抽斗の中に祀って信心をさせました。

そんな具合にしても、だんだんとお道は大きいなるばっかりで、五、六十戸も信徒の結成が出来てくると、なんでも講を結ばしてもらわなならんと思うて、三人出来ると一号と名をつけ、また三人出来ると二号というふうにして、だんだん決めていったのですが、そうすると警察のほうがますますやかましくなって調べに来る。で、私は「お道は決して悪いことを教えるのやありません。神様の仰せの通りに親孝心、夫婦仲よく睦まじく、やさしい、素直な心で通るというのが、この道やから、どうぞ許してください」と頼んだのです。ちょうどその時分に、伏見に水がついて、非常な災難が起こったことがありましたが、そのときも講社の人々に言うて、食べ物を持ってたすけに行ってもろうた。「これが人だすけになるのやで」と言うて。すると後で京都府から感謝状が来たことがあります。

おてふりをするのを、あれは何だというから「あれはおつとめというて、陽気な罪のない心になって、神様の御前（おんまえ）でつとめるものです」と言うと、そうかと言うて帰りましたが、それからは京都府からは巡査を回さないようになりました。

信徒は次第に増えてきて、京都ばかりやない、伏見のほうまでボツボツ出来てきた。伏見のほうへ行くと、また巡査が来て「おまえは商売すれば結構働ける身で、そんなことをして人を騙くらかして、山子（やまこ）を張っている（誇大なことを言う、虚勢を張るなどの意）。なぜ、そんなことをする。やはり大和の婆に騙されているのじゃ。そんなものやめてしまえ」と言いますから、「大和の婆、そんな人は知りません。見たこともありません。私は大阪のほうから聞かしてもらいました」と言うと、「やはり大和の婆じゃ」と言うて牢みたいな所へ入れられた。そこへ警部が来て、また厳しく話をした。山子はやめておけと言う。そして、これからどこへ行くかと言うから、「宇治田原のほうへも行くし、今晩は丸屋でお話をします」と言うと、そのまま放してくれたが、巡査が五、六人ついてきた。私が信徒に話するのを聞いていて、「そんな話ならよい。結構」と言うて帰ったのですが、そんなふうにして警察の干渉の厳しいなかでも、このお道はどしどし広まって、江州（近江国。現在の滋賀県）のほうにも出来てくるようになったのです。

教祖のお言葉

私は時々、大和のおぢばへ帰らしてもろうては、教祖にお目かかってお話を聞かしてもらうのですが、「見えてから説いてかかるは世界並み、見えんところから説いていくのが神の道」と仰せられるように、何もない、人の知らんことを説いてくださるのですから、誰でも疑わぬ者はない。

ところが、それが皆、だんだん出来てきたのやからな。私が聞かしてもろうたなかに、「さあ〳〵、ようきいてくれ。これから先になったら、畑の真ん中へ棒を立てて、それに針金をつけると、京都から東京まで五分間で話ができて返事が来るようになるのやで」とか、「汽車というものが出来て、京都から東京まで十八時間で行けるようになるのやで」とか言ってくださった。そのころは何が何やらさっぱり分からなんだが、それが皆、こういうふうに出来てくるのやで。神様の仰せられることに嘘偽りはないでな。

私は神様の話を聞かしてもろうて、なんでもどうでも、この結構な道を広めなならんと、心がますます勇んで、あちらこちらへ歩かしてもろた。そして斯道会というものを組織して、その掟まで拵えて、それをもって歩いたものや。

もうその時分には、着物はない、家はない、神様のお働きがなければ、その日食う物もない。が、それでも心を倒さんと運ばしてもろた。神様はいつも、「狭いのが楽しみやで。小さいからというて不足にしてはいかん。小さいものから理が積もって大きいなるのや。松の木でも、小さい時があるのやで。小さいのを楽しんでくれ。末で大きい芽が吹くで……」と言うてくだされた。ああ、本当にありがたいお言葉ですなあ。私は、ちょっと分からなんだら、すぐ教祖にお伺い申した。そのときは本席様が傍にいて取り次いでくだされた。

教祖の下さったお言葉に、「一年経ったら一年の理、二年経ったら二年の理、三年経てば親となる。親となれば、子供が可愛い。なんでもどうでも子供を可愛がってやってくれ。子供を憎むようではいかん」と言うてくだされたことがある。それで信徒を大事にかけて通らしてもろうた。信徒がお祭り日に帰ってくると、寿司を拵えたり、糯があれば餅をついては皆の人に食べてもらう。そんなことは、お追従のようやが、そうでもせないと信仰が浅いから、すぐ逃げてしまう。まあ、そんなことをしてはボツボツ子供を育ててきたのや。

いまではご本部も結構になっているが、これでも元は、それはひどいものやったのや。その話をしたら、皆さんは本当と思いなさらんやろ。教祖は人だすけのために家も蔵も田地も売ってしもうて、ご自身はこかん様と秀司先生と一緒に裏の熟し部屋（穀物を調製する作業場）でお住まいなされた。そして月の明かりで仕事をしていて、夕ご飯をお上がりになろうとして、こかん様に「何かあるか」と尋ねられると、「お母さん、今日（きょう）は何もございません。こうこ（漬物）と水とよりありませんが……」と仰せられた。すると教祖は、「ああそうか、こうこと水、それだけあれば結構やで。ありがたいと思うて食べや。不足にしてはいかんで、楽しんでいてくれ。いまに結構な芽がふいてくるで」と教えられて、喜んでお上がりなされた。そんな御苦労をしてくださったから、今日（こんにち）はこんなに立派に芽がふいてきたのやからな。うら若いうちには、いろいろの道もある。そのなかを「たんのう」して通っておくれ。

　人間というものはな、大将になりたいなりたいと思うているのが多いのや。私の若いときにも、いろいろそんなことで、人に悪う言われて泣くに泣けん日があったのや。そのときには、いっそのこと刀で切ってやろうかと思うたが、いやいや、ここが辛抱やと思うて、ならんなかも無理して通ってきた。「ここが辛抱や、短気は損気や」と思うては、教祖を頼りにしてきさしてもろた。もう年があけると八十になるのやけれど、神様のおかげで目こそ不自由やが達者でいさしてもろうています。これも神様のおかげなら、また皆様のおかげと毎日お礼申しています。

日々の通り方

皆さんはおたすけに出られても、この理をよく聞き分けて、この心を忘れぬようにして、欲を忘れて、教祖に仕えるやさしい一筋心になって、人さんを大切にしてあげてくだされ。おたすけするときには少々むごい言葉を出しても、それは心を直すためやからよいが、普段はやさしい心で通っておくれ。そして今度生まれて出たら、立派な身柄に生まれてくるのやからな。

親神様は、心次第で、百十五歳までの定命（じょうみょう）を与えてくださるのや。「死なず、病まず、弱りげない」ようになって、通っていける。そんな結構な日が来るのやで。それを楽しみにして、日々に心尽くして通っておくれ。

不足をしてはいかんで。よう聞き分けておくれ。皆さんは、こうして学校まで入っておられるのやから、少し悪い心づかいをしても、すぐ神様は身上にお知らせくだされる。そしたら心さえ直しておれば、おさづけをせえでも治してくださる。神様のご守護があるからやで。心を許してはいかんで。

「術や法では利かんでな」

おたすけに行ったら、死にかかっている病人に会っても、「あかん」と言うたらいかんで。そうしたら病人は思案をしよる。心が弱るから、たすかる病人でもたすからんことになるのや。そういうときは「たすかる」と言うてやっておくれ。そして心のうちで「静かに眠っておくれ。何とぞこの者の未来をたすけてくだされ」と言いつつ、おさづけをするのや。すると病人は心がユッタリとなる。それでたすかっていくものや。

こうして心を運んでいけば「一粒万倍(いちりゅうまんばい)として受け取ってやるのやから」と教祖が仰せらるるように、理がふいてくる。教祖の御苦労を思うて、これからはなおも心を離さず、「天理王命様」が元なる親であるということを忘れず、通っておくれ。前生のいんねんもあるけれども、心を澄まして通っておくれ。行いが大事やで。

「人を倒せばわが身倒れるのやで」

この理をよう聞き分けてな。

おたすけ思い出話

昭和六年十月二十日号

小松駒吉

こまつ・こまきち

元治二年（慶応元年）、大阪市に生まれる。父親のもとで大工として育ち、明治十五年、十八歳のとき、コレラに感染し重体のところを泉田藤吉氏のおたすけでご守護を頂き入信。お礼のためおぢばに帰った際、教祖にお目にかかり、「年は十八、未だ若い。間違いのないように通りなさい。間違いさえなければ、末は何程結構になるや知れないで」とのお言葉と、お守りを頂く。十六年、天恵組五番講社を結成、講元となる。二十四年、御津支教会（現・大教会）を設立。昭和八年、本部員登用。九年、七十歳で出直し。

コレラをおたすけいただいて

私の入信は十八歳のときです。当時コレラが非常に流行していましたので、自分もそれに罹ってしまったのであります。当時は現在のように衛生施設が完備していませんので、また、ちょっとした避病院（明治時代の伝染病専門病院）のような所もあったのかもしれませんが、患者が多いのでどうにもならず、皆、自宅療養をしたものです。

　自宅療養をすると、とても大変なのです。まず、その家の入り口に鬱金色の切れを張っておくのであります。すると警察が、その町内の辻から辻まで遮断してしまい、他の町からその町内の買い物なども巡査が取り次いで、普通の人々は町内に入れないのです。だから、コレラを出した町の迷惑は大きいし、病人を出した家は町内から全く恨まれます。従って病家は決して知らせないで内密に治療するか、そのまま成り行きに任せるといった、実に悲惨なありさまでございました。

　この恐ろしいコレラに私も罹ったのであります。家では、私の命に対する心配と、町内と警察に知られることを非常に心配いたしまして、内密でやっていましたが、いよいよ私の身上は危険に陥り、ついに人事不省となったのであります。

　するとそこへ、以前から私の家に出入りしていた、蒸し芋屋さんが来られたのであります。この蒸し芋屋さんのことを話の順序として申しましょう。

蒸し芋屋さんは泉田（いずみた）さんと申して、天秤棒（てんびん）の前の釜（かま）で芋を蒸していて、後ろには生芋を入れて、それを担いで売り歩いておられた方であります。そして、ちょうど私の町内へ来られる時分には水がなくなって、いつも私の家で釜に水を入れられることになっていたのであります。

その日も何の気なしに「おばはん、今日も水を貰（もら）いに来ましたで」と言って、荷物を外に置いて家につかつかと入ってこられましたが、いつもと違って家の中は大変静かですし、奥を見ると、私の父母が真っ青になっている姿と、私の床が見えています。

「コレラか」と言うなり、泉田さんは直ちに丸裸になってしまい、裏の井戸水を汲（く）んでそれを取っておき、あとは自分に二杯三杯と何杯もかぶって、それから最初の水にお願いをかけてくだされ、また父母に「天輪さんのお願いをするのだ」と言うなり、水を私の顔にぶっと吹かれました。そして、お願いづとめをしてくだされては、また水をかぶるといったありさまに、父母は天輪さんとはどんな神か何も知りませんが、泉田先生の真剣な姿に引きつけられ、「天輪さん天輪さん」と言って拝んでくれたそうであります。

この間、約三時間の長い時間にわたって、お願いしてくださっては、水をかぶってくださった結果、私はハッと正気づいたそうであります。

この姿を見て「もう大丈夫、安心や」と、初めて父母に話をされ、そこで初めて、荷物が外に置いてあるのに気がつかれたのであります。三時間というものは、家に入るなり荷物のことも、すっかり忘れてしまわれたのでございます。お帰りの際に「御供さんが家にあるから取りにおいで」と言って、またその荷物を担いで売りに歩かれたのでありました。

私は正気になってから、とても気分がよろしくて、その夜はぐっすりと寝かしていただきました。母は御供を泉田先生の家（家は雑貨商）へ頂きに上がって、初めてお話を聞いたのでありました。

翌朝、目を覚ますと、お腹がとてもすいてたまらないので、ご飯を頂き、その夜は待ちかねて父と二人で参拝に参りました。するとこのときに、初めて十柱の神様と八つのほこりとを説いてくださったのであります。

なお、そのとき父が、お米を少しお礼に持っていきましたところ、先生は大変立腹されました。「私がたすけんのやない。私がたすけられるのなら、こんな蒸し芋屋をしていない。おまえの命は教祖がたすけてくださったのだ。私もやはり、無い命をたすけられたのだから、そのご恩返しに歩いているのや。それに、頂いたら、せっかくの私のご恩返しが何にもならなくなる」と言われたのであります。

そして「この教祖はな、大和のお婆さんに天輪王命さんが天の将軍やと言ってお下りになったのやから、どんな病人もたすけていただけるから、ありがたいと思ったら、ご恩返しに私と一緒に夜、おたすけに連れてあげよう」と申され、お願いの朝夕のおつとめの手を教えてくださったのであります。

それからというものは、昼の仕事（大工）を済ませて、夜は必ず参拝に行き、そして方々へと歩いたのでありました。

無茶なおたすけの中も命懸けの真剣さで

この当時は、まだ教祖ご在世中で、監獄に何回も御苦労いただいているときでしたから、大阪の官憲もなかなか厳しく、あちらでもこちらでも道の者が警察行きをしていました。警察に引っ張られるのも無理はないのです。この当時のおたすけの模様は、ずいぶん無茶をしたものです。

病人の家に初めて行って話をするのに、医師に何日かかっているかを聞いて、「一カ月ほどかかっている」と先方が答えると、「薬は効いているか」と、また、こちらで聞き返します。先方が「いや、あまり効かないのです」と答えると、「そんな効かない薬や、また病気を一カ月もかかって治せないような医者はやめてしまえ。そして神様一条にもたれきるならお願いするが、どうか」というような話しぶりでありました。

また、流行のコレラで、いま危篤という病人に対しては、「十柱の神様にほこりをさんげしなさいや」と言ったら、あとはこちらの真実でたすけさしてもらわねばならんと、一生懸命にお願いするのです。

そのときの気持ちは、「私はおたすけに来ている」というような心はさらさらなく、「自分がたすけられた親神様に、ご恩返しをさせていただくために、こうして来ているのだ。この方にご守護を頂いてこそ、自分のご恩が万分の一でもお返しできるのだ。この方がたすかるかたすからないかは、自分がご恩を返せるか返せないかになるのだ」と思い、全く自分自身が病んでいるのと少しも変わらない気持ちでお願いしました。おさづけが当時ありませんでしたから、「何の某は、こうした心違いをして、ただいまお障りを頂いていますが、自分をはじめ本人も心得違いを直さしていただきまするでご守護いただきますよう」とお願いして、それから、「ちよとはなし」のおつとめをした後、また繰り返しお願いして、「いちれつすましてかんろだい」の三回のときにお願いするといったありさまでした。一回のお願いに都合五回、繰り返し繰り返しお願いしますので、終わりますと厳寒のときでも汗びっしょりになってしまいます。

　また、いよいよ危険なときには、井戸端で水を何杯も浴びてお願いしまして、それを一時間ごとに水を浴びてはお願いする真剣な姿に、病人の家族もその熱に引きつけられて、「他人でも、かくまで病人のためにお願いしてくれるか」とありがた涙にくれて、家族の人も思わず水を浴びてお願いするようになるので、小さい家の井戸などは水がなくなって、水少しと砂を浴びてしまうことさえありました。こうして一夜、お願いづとめでいると、たいていの急病人でも験（しるし）を見せていただきます。

　また、どうしても危険なコレラの病人に対しては、神様に「病気を変えてくれ」と、こんな無茶なお願いをしたものです。不思議に病気を変えてくださったこともあり、警察から「コレラの病人があると町内から密告があった」と言って調べに来ても、病気が変わっているので、コレラでないと言って帰ったことも度々ありました。病人は、コレラでないと言われて安心して、すっきり夢のようにご守護を頂いたこともあります。

この当時は、泉田先生も昼は芋売りをされていましたし、私も大工職で仕事に行っておりましたので、おたすけは夜行くことになっていました。重病人、急病人のときは翌朝までお願いしていますので、朝、ご守護を見せてもらって安心して、病家からの帰り道、疲れと睡眠不足とで、居眠りしながら歩いて電信柱にぶつかって謝ったり、また家に帰って朝ご飯のときに眠って、茶碗を落としたりしたことが何回もありました。

次々にたすかりをお見せいただき

次に病人の家におたすけに行くときは、たすかった人をその翌日から連れて歩いて、病人の前でそのたすかった嬉(うれ)しさを伝えるのでありました。時には四、五人で行って、めいめい病気の苦しかったこと、そしてたすかった話を勇んでするものだから、その勢いの強いこと、また賑(にぎ)やかなことは大変な騒ぎでありました。だから病人は、すっかり安心すると、勝手にさんげしてたすかっています。すると先方では、ご馳走したりお菓子を出したりしますが、誰一人、手をつけませんでした。「ご恩返しに来ているのに、たすけてもらったといって、ご馳走をしてもらうようなことでは何にもならない」と言って断ります。その代わり、翌日からおたすけに一緒に行ってもらったりすることを、やかましく申しました。

また、講社入りをした者に、お宮遷しを致しましたが、半紙を横に八つ切りにしたような幅の紙に「奉修天理王命守護」と刷ったものをおぢばから頂いて、それをお宮の中へ張って各信徒に祀らしたのであります。

そのお遷しの日やお祭りの日は、とても大変なのです。何しろ教導職を持っている者は一人もなくて、皆、昼は家業を持った人々だし、また、十二下りも十分に手がついておりませんし、あちらで一下り、こちらで二下り、おぢばで三下りを教わったというありさまですから、揃うていません。

この当時、おつとめは拍子木を持って二十一遍と定まっておらず、手のだるくなるまで叩いて、それから「ちよとはなし」をして、「かんろだい」のつとめをして、済むと、参拝に来た人々が十二下りを一緒にやるのですから、まるで盆踊りのようであります。

冬はともかく、夏は暑いので、十二下りが済むと、皆、裸で汗をふいたりして涼んでいるから、それを巡査などが見て、「なんという姿だ。馬鹿者め。男女が踊りやがって」と大変に立腹し、また「天理王命などは認めない神様だ」と言って信徒は解散させました。主立った者は引っ張られて、体刑なら一日から三日までの内、罰金なら十五銭から一円二十五銭までの内、いずれかに処せられるという具合でした。大抵、おたすけ人の警察行きは、このことで引っ張られるのが多かったでしょう。

しかし、いくら引っ張られても信徒は決していずみません。うんと強くなります。「無い命をたすけてもらったのだ。命に代えられるか」とばかりに、それは皆、元気でにをいがけをしたものです。そして長屋で一人、重病人がたすかると、長屋の人々も皆驚いて入信するといった具合で、野原に火がついたように広がっていきました。

泉田先生は警察行きは全く平気な方でした。当時、大阪の桜町（さくらまち）に警察があったとき、その付近でえらいご守護を頂いて、「それ、おつとめだ」とばかりに賑やかにやっていましたとき、巡査が飛び込んできて、お宮さんを壊すやら、先生を連行するやらで大変な騒ぎになってしまいました。

そして、恩人の先生を連れて帰るには、われわれの力ではあかんから、おぢばの先生をお迎えして泉田先生を警察から返してもらおうということになり、私がその役に当たり、そのままおぢばへ走って帰りました。

そして本部の先生に、この理由を申せば、ちょうど教祖も警察へ行っておられたときのこととて、心配していられましたので、とても大阪へ来てくださりません。

「そんなことくらいで本部から出張していては、何人いても、とてもやりきれないじゃないか」と大変叱（しか）られましたので、驚いて外へ出ました。大阪へ帰るわけにいかず、門のところに立って、しくしくと泣いていたのでありました。すると、本席様の奥様のおさと様が、泣いている私の姿を見て、いろいろと慰めてくださいました。御供（金平糖）を頂いて、また、すごすごと大阪へ歩いて帰りましたが、夜十二時ごろになって皆が集まっている家に着いたのです。

すると先生も帰っておられて、私の姿を見るなり、「なんだ、おぢばへお願いに帰ったのか。道を通る者が、このくらいのことで大騒ぎするやつがあるか。また、そんなことに本部で取り合ってくださるか。これから何回もこんなことがあるぞ」と言って、また直ちに十二下りのおつとめをされたのであります。

全く泉田先生は、わが身を忘れておたすけに熱心で、私もそのお導きで、どうなりこうなり道を通らせていただき、明治四十三年には、内容は貧弱ながら分教会を担任させていただきました。

どん底に落ちきって偲ぶ

昭和二十八年四月号

吉福ヤス

よしふく・やす

明治二十二年、佐賀市に生まれる。三十六年、吉福米太郎氏と結婚。間もなく夫婦で福岡県北九州市の八幡へ移る。四十年、歯痛をたすけられ入信。翌年、夫・米太郎氏も入信し、道一条になる。大正三年、四人の子供を連れて福岡県築上町椎田へ単独布教に出て、八津田宣教所（現・分教会）の基礎を築く。その後、北九州市戸畑で布教し、東亜宣教所（現・分教会）を設立。十二年、米太郎氏が西鎮支教会（現・分教会）二代会長に就任。昭和十四年、米太郎氏が出直し、三代会長に就任。四十三年、八十歳で出直し。

布教の第一歩

主人は西鎮宣教所の役員としてつとめ、私が四人の子をつれて、八幡から豊前椎田村へ布教に出ていくことになりましたのは、大正三年の八月中旬でした。満席を戴いたのはその三カ月前で、それまで主人と共に西鎮で働かしていただいておりましたが、西鎮から単独布教に出ていくのは私が最初ですから、重大な責任を感じました。

椎田の駅に降り立ったときは、もう夕暮れでした。海岸に近い農村の、色あせたわらぶきの屋根を見渡したときは、布教に出さえすればすぐに道がつく、などという甘い考えはふきとんでしまって、容易ならない壁にぶつかった気がして、心をひきしめました。

駅前の狭い路地の桑の枝に腰をかけて、さてと思案しておりますと、通りすがりの中年の男の方から声をかけられました。

「どこに行かれますか。なにっ、天理教の布教に来た。親戚でもあるのですか」

「親戚はございません」

「四人の子供さんを連れて、これからどうしようというのですか」

「とにかく、まず家を探そうと思っています」

「家を探すたって、いまからではどうもなりますまい。……とにかく、私の家に来なさい」

その人は畳屋さんで、奥さんと二人暮らしでした。信仰は何も分からない人でしたが、私たちをそのまま突っ放すことはできない、気立てのよい人とみえて、畳の原料の新わらを買い入れるまで、二階にいてもよいと言われました。私も早速の雨露を凌ぐ所を与えられ、これも神様のお恵みと思い、その夜はお茶を一杯頂き、八幡から持参したおにぎりを頬張って休ましていただきました。

翌日から私の布教が始まりました。田舎の封建色の濃いその村では、なかなかにをいも掛かりませず、では医者の手余りでしたらお話を聞いてくださるだろうと、医者から見放された病人を尋ねました。胃がんの人に、にをいが掛かりました。

「おまえさんは天理教か？　おまえさんがたすけきるなら、拝んでみなさいな」という男性のところへ、「医者の手余り神がたすける」のお言葉を胸に、断食をこころみたり、水行したりしながら九十日通い、西鎮までの月運びの心定めと、本部帰参を約束していただいたところ、ついにたすかってくださいました。その人は当時四十九歳でしたが、七十六歳まで生きてくださいました。

この胃がんがたすかったというので、それからというものは難病、医者の手余りが次々と、現在は何故あのときほどのおさづけがきかないのかと思うほど、ご守護いただきました。

反対もまた楽し

ところが、それが神様でしょう。不思議なおたすけが上がってくると、迫害攻撃が始まりました。

この村には禅宗寺が二軒ありましたが、そのうちの一つから使いの小僧さんがやって来て、住職が来てくれと言っているとのことでした。〝教祖の足あとは、なんでも通らねばならないのだろうか〟。そんなことを考えながら、快く承知しました。

「誰の許しを得て、この村に入ってきたんだ。うちの門徒を惑わす気か」

「ちょっと待ってください。私がいつ、門徒さんを惑わせましたか？」

私は常々、参拝に来る人には、祖先を大事にするように、ゆえにお墓に草を生やしてはならない、命日には必ず参拝せよ、いままで二升のところ三升持っていくようにせよ、というようなことを話していました。そのことを住職に話しても、怒鳴り散らすばかりでした。

その後も、数回呼びつけられました。それでも、神様は良いようにしてくださるもので、リウマチで寝込んでいた住職の母親ににをいが掛かり、ご守護を頂くと、住職もさすがに決まりが悪いのか、道で会ってもそっぽを向いて通り過ぎるようになりました。

次に、お医者さんから医薬妨害だと文句をつけられました。ある日、病院の書生が、私を召喚に来ました。

「神様だかなんだか知らんが、医薬の妨害をしてもらっては困るじゃないか」

頭ごなしに厳しい口調で浴びせかけられました。

「私は医薬妨害をした覚えは少しもありません」

「嘘をつけ、ばかもの奴が！」「告訴するぞ！」

「告訴するなら、してごらんなさい。あなた方お医者さんが、手を放した人を探してたすけさしていただいているに過ぎません。村上さんの場合も、あなたが手を放して、病人は裏の納戸に押し込められていたではありませんか」

院長はそれ以上、何も言いませんでした。それからしばらくして、院長の奥さんが子宮がんを患っていたところを、お手引きによって、おさづけをさせていただくようになりました。

その次は、神主さんでした。

「ちょっと来い」

ちょっと来いに良いことはありませんが、覚悟を決めて参りました。監獄に御苦労してくださる教祖は、いつもにをいがけに行く、高山へにをいがけに行くというお気持ちであられたと聞きますが、私もちょっぴり山村御殿に出掛けられるときの教祖のご心境を味わわさしていただきました。神主さんの家は高塀（たかべい）の堂々たる建物で、白髪の威厳ある老人でした。

「今日はおまえに尋ねる件がある。おまえは人を惑わすそうなが、試験にかけてやる。十柱の神々というそうだが、その名をあげてみよ」

　まるで、幼稚園に行く子に大学の先生が試験するみたいでした。私は十柱の神々のご守護の理を述べました。

「不当なやつだ。歴史にない神名を唱えおって。そんなことぬかすのは狐（きつね）だ……」

と、えらい剣幕で叱（しか）られました。

「歴史にない神名を唱えるから狐業（わざ）だとおっしゃいますが、この世をつかさどる神様は月日両神で、歴史をつくる神様です。八柱の神名は、人間をお造りくださったお道具に神名をつけられたものです。月日という神様が世界を主宰する神様です」

と述べると、

「貴様は！」

言ったが早いか、長押にかけてあった槍を握って、激しい気合とともに畳に突き刺しました。そのとき、部屋から若い青年が駆け寄って、神主さんを抱きとめました。後で分かったことですが、その青年さんは神宮皇学館の学生さんで、夏休みで帰省されていたのでした。

「お父さん、そんな無茶をなすってはいけません。天理教といえば、一派独立した堂々たる宗教です。お父さん、あなたがいけません」

と、父たる神主さんをなだめ、私には両手をついて、

「何ぶん、父は老人のこととて、ご無礼の段、平にお詫び申します……」

と謝られました。これも神様だと思いました。

後日談になりますが、私の息子が日中戦争で小隊長として出征するとき、駅へ見送りに参りましたが、息子の隊の中から私にあいさつをする兵隊さんがいます。その兵隊さんが、そのときの神主さんの息子さんで、また、そのときに初めて分かったことは、その息子さんの奥さんというのが、七つか八つのときに火傷して、一命

危ういというとき、おたすけをさしていただいた娘さんでした。

泣き泣きの三年

ひながた通らにゃひながた要らぬと申されますが、椎田での三年間は、ご守護もあった代わりに非難攻撃もひどく、私が一歩外に出ると、村の子供たちがゾロゾロついてきて、「田うり給え天びん棒の命――」と言われました。

畳屋さんの二階も新わらを買い入れるときが来て、私たちに大変よくしてくださるためになおのこと、この二階から出ていかねば申し訳ないと思いました。明日からは海岸の浜宮さんの祠で親子五人が野宿する覚悟でした。畳屋さんには「家が見つかりました」と偽って出ていこうとしたとき、数名の信者さんが「ある家を都合したから」と言ってきてくださって、一夜の野宿もせずにすみました。

こうして、家はお与えいただきましたが、椎田での三年千日は泣くにまさるつらさでした。おたすけに行くとき、その家の二町ほど手前で、背中の子供に乳をふくませ、おしっこをさせて、信者の家では決して子供は下ろしません。でないと、子供のことですから、出されたものを欲しがります。私もお茶は頂きますが、お芋もご飯も決して馳走(ちそう)にはあずからぬことにしました。田舎のことですから、どこでもすぐにご飯を炊いてくれますが、畳屋の二階に、お芋を一切れずつ当てがって残した三人の子のことを思いますと、親の私が、たとえお粥(かゆ)にしろ頂いては申し訳ないと思って頂きませんでした。ですから、

「あの奥さんは街で育っていなさるから、田舎のまずい物は召し上がられんのだろう」

と信者は言い合っていたそうです。私は椎田村以外の人たちには、家も、三人の子を連れていることも隠していましたし、私の道すがらも黙っていました。

米櫃の米はかすれても

ある夜、おたすけから帰ってみますと、三人の子は抱き合ってグッスリ眠ってい

ました。背中の子も寝ています。背中の子を下ろすと、子は泣くだろう。その泣き声で三人の子が目を覚まし、ひもじいと泣きつかれるにちがいない。そこで子を負ぶったまま、早暁（そうぎょう）まで座っていましたが、寝ている三人の子を眺め、「明日目が覚めたら、お芋お芋と言って騒ぐだろう。しかし、もう明日はお芋もない。いかにたすけ人衆といっても、子供にお芋も食べさすこともできない不甲斐（ふがい）ない親をもって、この子たちは不幸せだ」と、ぐっと胸にせまってまいりました。

そのときでございます。教祖のひながたが矢のように想（おも）い出されましたのは。

昔は大勢の者にかしずかれた教祖のお子様たちが、破れた塀から村祭りを眺められたこと。また元治元年正月すぎ、こかん様が夕食のお支度に米櫃（こめびつ）の蓋（ふた）をとってみると、六合のお米しかありません。

「米が六合はっちゃ（だけ、しか）あらへん」

と母なる教祖に申されたとき、

「六合はっちゃなけら、六合はっちゃ炊いておきや」

と申され、つづいて陽気なお声で、

「米櫃(げびつ)の米はかすれても、北側の細川の水は絶えんで」

と、のびのび歌われたと聞かしていただきます。人様にたすかっていただきたい、ひいては、自分のいんねんを切らしていただきたいために単独布教へ出た私なのに、また、教祖のひながたの万分の一でも通らしていただきたいとのみ思って出てきたのに、この教祖の、いかなる貧困のなかにおいても、たとえ米がなくても水はこんこんとして尽きない、神様のお恵みは天地に満ち満ちているというお心に比べて、私はなんという淋(さび)しい、さもしい心を使ったものかとお詫び申しました。

　やがて夜が白みました。すると階下で数人の声がします。私を呼んでおります。下りていきますと、隣村の信者の人たちでした。

「まあ奥さん、ひとこと言ってくだされればよかったのに……」

と言って、重箱に米に味噌(みそ)、二十一のお餅(もち)、それに五円のお供えも添えてお参りに来られました。それはその前夜、畳屋さんが隣村にわらを買いに行ったときに、

「うちの二階の奥さんは不思議な人や。何も食べておられんし、三人の子供さんも毎日、お芋一切れずつで、よう体が保ててる――」

と話し、それが私のことだと分かって、信者さんが知らなかったとばかり、その朝、早速いろいろな品物を持ってきてくださったのでした。

細川の水は絶えんで……と歌われたその翌日に、大豆越村の山中忠七先生が、八寸の重箱にお米一升二合を、奥様のたすかったお礼にと差し出された、その通りのことが私にも現れたのでした。

その後、私は椎田が死に場所と思っておりましたところ、教会の事情で、椎田は信徒に任し、後ろ髪を引かれる思いで八幡に帰らねばならぬことになり、西鎮に帰ると、またすぐ戸畑へ、このときは五人の子を連れて単独布教に出ました。ここでは教会のふしんと、四十年祭前のおつくしでひと苦労さしていただきました。

そして、戸畑が死に場所だとホッとひと息ついたところ、主人が西鎮の担任を持つことになったので、また西鎮に引き揚げ、その後、息子たちの出征、会長の出直し、戦災、復興と、息つく暇のない今日までの道すがらでありました。

私のわずかばかりの体験を通して思いますことは、結局、落ちきれ、落ちきれ、どん底まで落ちきれということであります。落ちきったときに初めて、教祖のひながたをお偲び申すことができ、いつも口にする万分の一の道も通らしていただくということが、切実に味わわしていただけるのであります。

ひながた通らにゃひながた要らぬ。どん底に落ちきってこそ、真に教祖の御苦労をお偲び申し上げることができると、常に思うのでございます。

苦労結構、難儀結構

昭和三十九年七月号

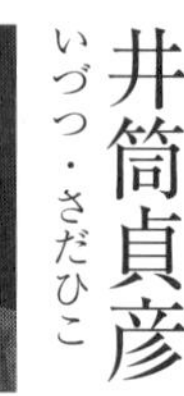

井筒貞彦
いづつ・さだひこ

明治三十九年、芦津大教会二代会長井筒五三郎氏とたね夫妻の次男として大阪市に生まれる。昭和三年、東洋大学を卒業後、本部青年としてつとめる。五年、芦津大教会四代会長に就任。十九年、本部員登用。戦後、「復元」の旬に本部の要職を務めるとともに、大教会においては総力をあげて教勢挽回に努める。この間、大阪教務支庁主事、奥羽（東北）六県および兵庫教務支庁長、よのもと会評議員、立教百年祭準備委員、いちれつ会評議員、よろづ相談所長、詰所部長、文書部長などを歴任。四十八年、六十八歳で出直し。

先人・先輩の歩み

これは、三十年ほど前のことですが、まだこの南礼拝場のなかった時代でございます。ちょうど板倉槌三郎先生と神殿当番を一緒にさしていただきましたときに、聞かしていただいたのです。

板倉先生は七、八回、お道のうえから警察に拘留されておられるのでございますが、それを私は聞かしていただいておりましたから、そのときの様子を先生にお伺いしたのであります。

そしたら先生は、

「ちょうど儂が信仰したのが十九、二十歳ごろやった。三回目に河内からお屋敷に参拝に来さしてもろうたときやった。巡査が出てきよって、それで儂を丹波市のブタ箱へほうり込んだんや。

ちょうど夏のことやった。この時分は非常に蚊が多かった。白壁が真っ黒になるほど蚊がおった。夕づとめなんかは、四、五人も寄って、竹の先に袋を付けて、そして蚊をすくうてからでないと、蚊がひっついて夕づとめがでけなんだぐらいや。そういうときに、儂は丹波市のブタ箱へほうり込まれたんや。

設備が悪いから暑いし、蚊は刺しよるし、一緒にほうり込まれた三人で相談した。

『もうお道やめようやないか。蚊に刺されるは、暑いは、これやったら、お道を通るのは苦しめられているようなもんや。もう、お道やめようやないか』と言うて一晩中相談したんや。ほかに相談することないから、やめようやないか、やめようやないかと、一晩中相談したんや。

朝になって巡査に、『狐憑きの婆さんに騙されるなよ』と大変怒られて、警察を出してもろたんや。ところが出してもろてから、また相談したんや。『もうお道をやめるのは決まっているけれども、われわれが引っ張っていかれるところを教祖がご覧になってたやないか。そんなら、教祖がご心配くださってるはずや。だから、いま警察から出してもろたということを申し上げてから、やめても遅うはないやないか』『そらそうや』ということで、お屋敷へ三人連れで戻ってきたんや。

教祖にお目にかかって『板倉、ただいま帰ってまいりました』と申し上げたら、教祖はひと言おっしゃった。『板倉はん、夕べはご苦労やったなあ』と。このひと言聞いただけで、儂は、もう一遍ブタ箱へ行きたいという気になったんじゃ」

と、こうおっしゃいました。

「それからというものは、おまえ何遍行ったんや、儂は二遍や、三遍や。一遍でもよけいに行ったほうが偉かったんやぞ。だから儂のようなもんでも、こうしてお道を連れて通っていただくことがでけたんや」

こういうように、板倉先生がお聞かせくださったんでございます。

教祖の御前に行かしていただきましたら、蚊は刺すは、暑いは、不自由やは、もうお道をやめようという心でございますのに、その苦労をもう一遍したい。「板倉はん、夕べはご苦労やったなあ」、このひと言で、もっとブタ箱へ行きたい。こういう気になれた。

教祖は、巡査が連れにまいりましたら、いそいそと警察や監獄にお出ましくださった、ということを聞かしていただいております。

その教祖から「板倉はん、夕べはご苦労やったなあ」。このひと言を聞いただけで、もう一遍ブタ箱へ行きたい。つまり言い換えましたならば、苦労結構、難儀結構、不自由結構という心になれたと思わしていただくのでございます。

教祖の足跡の千分の一でも踏ましていただきたい、お道の苦労なら進んでやらしてもらいたい、こういう成人の姿が、親神様の思召に叶う(かの)た姿であろうと思わしていただくのでございます。

つまり、教祖のひと言、ひと言がひながたでございますから、そのひながたを、守らにゃならんときが来たなら、われわれはしっかり守らしてもらうということが、非情に大事だと思わしていただくのでございます。そこに、親神様の思召に叶うた心の成人をさしていただけると思案するのでございます。

ほこりを思う前に

これは、私が聞いた話でございますが、東京の教会長さんやそうです。去年か一昨年の話やそうでございます。

その会長さん、七十三、四のおばあさんの教会長さんだそうです。そこの教会に、他宗教の人が三人やって来たんやそうです。そうして、そのおばあさんの教会長さんをつかまえて、ボロカスに言うたんやそうです。

ところが、その会長さんは喜んだ。どう喜んだかと申しましたら、教祖も人からボロクソに言われた。ボロクソに言うてくれて、教祖のひながたの一つでも通らしてもろて、こんな結構はないと言うて喜んだのやそうです。

そういたしましたら、その人たち、今度は笑うたというんです。「だから天理教のやつはあほや」と言うて笑たというのです。笑たらまた、教会長が喜んだというんです。教祖も人から笑われた。笑てくれて、教祖のひながたの一つ通らしてもろて、こんな結構はないと言って、また喜んだんやそうです。

今度はその人たち、腹を立てまして、刃物を抜いて、そこの教会の太鼓をプスッと破ってしもた。今度もまた喜んだ。教祖のひながたに、僧侶二人がやって来て、刀抜いて畳や太鼓を切って帰った。小泉の不動院の山伏がやって来て、刀を抜いて太鼓やら、提灯やら、障子を破って帰った。太鼓を破ってくれて、この教祖のひながた一つ通らしてもろて、こんな結構はないと言うて、その会長さん喜ばれた。

この会長さん、なんと偉い方やなあと私は思った。普通でございましたら、人からボロクソに言われたら、ほこりの心が湧いてくるのです。「おまえがひと言言うなら、こっちは百言ぐらい言い返してやろやないかしらん」と、ひながた思い出すどころか、ほこりを先に思うのが普通でございますのに、私は、この会長さん偉い方やなあと、こう思うのです。

ほこりを思う前に、ひながたを思い出された。人から笑われたら腹が立ちますのに、ひながたを思い出された。太鼓でも破られましたら、手をつかんで警察へでも引っ張っていったろかしらん。こう思うのが普通だろうに、この会長さん、偉い方や、ほこりを思う前に、ひながたを思い出された。

ところが、そのなかの一人が、その晩から睾丸が腫れたんやそうです。そうして東京中のあっちの医者、こっちの医者、どこの医者へ行きましても、その睾丸の腫れた原因が分からんのやそうです。

ちょうど六日目に思い出したんやそうです。「あっ、こりゃ罰当たったんやな。あの天理教の教会で太鼓まで破って帰ってきた。こりゃ、罰当たったんや」と、こう思いまして、七日目の朝に、その人が教会に謝りに来たそうです。

そこでその人は、「会長さん、天理教の神さんは人に罰当てますか」と、こう聞いた。ところが会長さんは「天理教の神さんは、人に罰なんか当てん。なぜかと言うたら、われわれの親なんや。御教祖、教祖はわれわれのお母様なんや。親が子供に罰当てる、そんなことなさらん」と、こう言うたんやそうです。

ところがその人は「いや、この間あばれましてから、あの晩から睾丸が腫れまして、どこの医者へ行っても腫れた原因が分からんと言うんや」と言うた。会長さんは「そうか、教祖は、存命やけどもお姿がない。だからお声も聞こえない。だから教祖は、事情、身上に障りを付けて、そして先々の道を教えてくださるのや。その教えてくださった教祖の思召を悟ることができたら、それは道の花とも道の宝とも言うんや」と、だんだんと説諭したそうです。そこで、その人は「ああ申し訳なかった。どうぞ、ここの信者にしていただきたい」と。

十二、三人折伏(しゃくぶく)しておったそうですが、その人たちも一緒に、そこの信者さんになったという話を、私は聞かせていただいたのでございます。

私は、この会長さんは誠に偉い方やなと思う。ほこりを思う前に、ひながたを思い出された。この会長さんはご婦人でございますけれども、なかなか偉い方やな。

道の上の苦労は後の楽しみ

先輩の初代の先生方は、「板倉はん、夕べはご苦労やったなあ」のひと言で、もう一遍ブタ箱へ行きたいというような、苦労結構、難儀結構という心になってくださったんでございます。

今日のわれわれにとりましても、道の御用でございますならば、苦労結構、難儀結構、不自由があるならば不自由結構と思わしていただきますのが、親神様の思召に叶うた心の成人の姿であろうと思案させていただくのでございます。

時あたかも、教祖の八十年祭はだんだんと迫ってきておるのでございます。われわれは、教祖が親神様のお思い通りに通ってお見せくださった、このひながたの道を、しっかりとたどらしていただきたい。道の上の苦労は後の楽しみや、板倉先生がもう一遍ブタ箱へ行きたいと思われた、こういうような成人をさしていただきまして、親神様の思召通りに働かせていただきたいと思う次第でございます。

お互いに教祖の思召、教祖のひながたに沿いきって通りましたならば、結構にご守護を頂戴(ちょうだい)いたしまして、ありがたい八十年祭を迎えさしていただくと思わしていただく次第でございます。

思召をわが心としておたすけに奔走

平成六年六月号

深谷忠政
ふかや・ただまさ

大正元年、中国の厦門教会四代会長諸井忠次郎氏の次男として天理市に生まれる。昭和十一年、京都大学卒業。在学中に生死にかかわる身上をたすけられ、道一条を決心。卒業後は東京で単独布教。十二年、日中戦争が勃発し従軍。十八年、河原町大教会五代会長深谷かの氏の養嗣子となる。二十四年、天理大学宗教学科にて教壇に立つ。学究生活と布教の両立を目指しつとめるなか、二十八年、やまとよふき分教会を設立。三十四年、アメリカ伝道庁長に就任。四十五年、本部員登用。平成十九年、九十四歳で出直し。

世界だすけの道あけ

教祖百十年祭三年千日の第二年目も早四カ月が過ぎ去ろうとしているのであります。いままさに真柱様がおおせられますように、非常時でございます。

さて、教祖の年祭を勤めさせていただくのは、教祖のひながたを、時を仕切って一手一つに懸命に踏み行わせていただくためであります。

教祖五十年のひながたは、

この道たすけが台。ならん者が救けるが台。（明治32・2・1）

と仰せられ、すべて、たすけ一条・ひろめ一条でございました。

御齢四十一歳から五十六歳まで、中山家の財産を施されて、生活に困っている人々をたすけられました。この年には、夫・善兵衞様が出直され、母屋も売り払われ、貧のどん底に落ちきられたのであります。

が、そのころ末女のこかん様は、十七歳の御身をもって、世界たすけの門出たるにをいがけに、大阪にお出掛けになりました。

奇しくも、この年は、アメリカのペリー提督が黒船を率いて浦賀に来航し、徳川幕府三百年の鎖国の夢を破り、日本が広い世界に仲間入りした年でもありました。

翌年、御齢五十七歳のとき、をびや許しを始められ、これをよろづたすけの道あ

けとして、それから十年、

「水を飲めば水の味がする」

というどん底の道中を、おたすけにご丹精いただいたのであります。

つとめの急き込み

御齢六十七歳のときに、奥様のご身上の不思議なおたすけから、飯降伊蔵(いぶりいぞう)様ご夫妻が入信され、その翌年、ご苦心の末、つとめ場所が出来上がります。

御齢六十九歳のとき、「あしきはらひ……」のおつとめを教えられ、翌御齢七十歳のとき、十二下りを教えられ、三年経(た)って御齢七十三歳のとき、「ちよとはなし……」と「よろづよ八首」を、五年経って御齢七十八歳のとき、「いちれつすますかんろだい」のおつとめを、それから七年経って八十五歳のとき、手振りは元のままながら「いちれつすます……」の句は「いちれつすまして……」と改まり、それにとものうて「あしきはらひ……」も、また「あしきをはらうて……」と改まりました。

このおつとめは、親神様が、紋型ないところから人間世界を創造された、元初まりのめずらしい働きを、このたびはたすけ一条の上に現そうとして教えられたおつとめでありまして、これによって、この世は思召そのままの陽気な世界に立て替わっていくのでありまして、たすけのもとだてであります。

親神様は、おつとめの勤修を急き込まれたのでありますが、そうしますと、お齢を召された教祖が、監獄に御苦労くださることになりました。

そのために、直ちにおつとめに取りかかれなかった人々のことを慮って、教祖は現身のご寿命を二十五年縮めて、御齢九十歳をもって明治二十年陰暦正月二十六日、お姿をかくされました。が、お心は永遠に元のやしきにとどまり、存命のまま、一れつ子供の成人を守護されているのであります。

おさづけは教祖の御鏡

そして、お姿をかくされた、この明治二十年陰暦正月二十六日には、

さあ、これまで子供にやりたいものもあった。なれども、ようやらなんだ。又々これから先だん〳〵に理が渡そう。よう聞いて置け。（明治20・2・18）

というおさしづがあり、一般におさづけを下さることになったのであります。

この後、お道は幾多のふしを踏み越えて急速に広がり、教祖十年祭には、天理教の信者三百万、と書いた新聞もあったほど、日本全国に道が付きました。

おさづけは、

さづけ一つの事情、これ一つ台ともいう。存命遺し置いたる、（明治25・11・21）

と仰せられますように、おさづけは教祖の御鏡と申してもよく、ご存命の教祖は、おさづけを通じてお働きくださるのでございまして、

さづけというはどの位どれだけのものとも、高さも値打も分からん。

（明治23・7・7）


と仰せられるほど、尊い結構なものであることは申すまでもございません。

よふぼくが一手一つにおさづけを取り次がせていただくことが教会内容の充実になるのであります。

ハワイからアメリカ本土へ

私事（わたくしごと）を申して申し訳ありませんが、教祖百年祭は、白紙に戻り一より始める旬である、とお聞かせいただきましたので、もう一度、原点に戻り、単独布教を始めさせていただきたいと思っておりますと、ちょうど、ハワイのコナ市という街にあるヒルトンホテルで、宝石とか貴金属のお店を出しているアメリカ人の女性のよふぼくから、まったく久しぶりに来た年賀状に、「病人を集めておくから、おたすけに来てください」と書いてありました。

その手紙を「天の声」かと思いまして、まだ一度も行ったこともない所でしたが、ただ一人、天理王命の神名を唱えつつ飛行機を乗り継いで、おたすけに出向かせていただきました。

ヒルトンホテルの最上等の部屋に十数名の男女の白人が集まっておりましたが、おさづけを取り次がせていただいている最中に、火のついたように泣いている、まだ満一歳にもならぬ女の子を抱いた、若い夫婦が泣きながら飛び込んでまいりました。

ホテルでその子を落とした、とのことで、お腹（なか）が弾けんばかりに、ぱんぱんに腫（は）れ上がっています。若い両親は、赤ん坊が死ぬのではないかと心配しています。

おさづけを取り次がせていただくと、赤ん坊はピタリと泣くのをやめ、見る見るうちに腫れ上がったお腹は小さくなっていきます。

両親の驚きと喜び、財布を逆さまにして、お礼に、と言うて、みんなくれました。

この噂（うわさ）が流れ、新聞記事になりました。また来てほしいと言うので、コナ市に出掛けるようになりました。

集まってきた人のなかに、元スペインの王様の一族であったという女性がおりました。九年間、横っ腹が痛み、困っておられるということでしたが、二度おさづけを取り次がせていただくと、ピタリと痛みが止まりました。

たいへん喜んで、おぢばに帰り別席を運ばれることになり、今日は英語、明日はスペイン語、あさってはフランス語と、三カ国語で別席を運び、おさづけを戴かれました。

その方の本宅がカリフォルニアにありまして、「そちらへもぜひ来てほしい」というので、出向かせていただくようになりました。

ハワイからアメリカ本土へと、たすけ一条の道がだんだん広がっていきましたが、そうこうするうちに、私が七十七歳になりましたので、喜寿の祝いをしてくれるという方もあったのですけれども、祝いの代わりに世界最大の都市、ニューヨークに出掛けることにいたしました。

地上一〇二階あるエンパイアステートビルの地下に事務所を借りて、おさづけを取り次がせていただくと、三日間で二百人近くの人が集まってきました。エイズ、がん、リウマチ、交通事故、精神障害など、いろいろな方があります。が、不思議にご守護を頂かれる方もあり、おかげさまで現在、おさづけの理を戴いたアメリカ人よふぼくは百人を超えました。

世界中の人をおさづけ人に

この道は皆身上から随き来る。身上でなくして随いた者は、ほんの一花のようなもの。（明治33・11・26）

と仰せられますが、おさづけでおたすけいただかなければ、ぱっと花は咲いても、実のある信者はできません。

一席三名出して〳〵世界出し切るまで出すで。世界中すっきり繋いで了う。（明治25・1・12）

すなわち、世界中の人を全部おさづけ人にするというのが、親神様・教祖の思召でございます。

われわれは、この思召の実現に向かって命の限り、根限り、仕切り根性、仕切り力、仕切り知恵をもって、積極的に歩み抜かせていただくとき、教会の内容はおのずから充実し、世界は平和に治まるのであります。

教祖は、いつも、

「一日でも、人一人(ひとひとり)なりと救(たす)けねば、その日は越せぬ」

と、仰せになっていた。

と、『稿本天理教教祖伝逸話篇』の一七七に記されてありますが、その尊い御(み)心をわが心として、おさづけを取り次ぎ、おつとめを勤め、教祖百十年祭を目標に、たすけ一条・ひろめ一条の道を、一手一つに勇んで前進させていただきたいと存じます。

第二章　教祖の親心を求めて

ひながたの道を進め

昭和二十八年五月号

上田嘉成

うえだ・よしなる

明治四十一年、天理市に生まれる。東京帝国大学卒業。昭和二十一年、浪華(なにわ)分教会三代会長に就任。二十五年、本部員登用。教義及(および)史料集成部主任として、原典の公刊、『天理教教典』『稿本天理教教祖伝』『稿本天理教教祖伝逸話篇』『稿本中山眞之亮伝』などの編纂(へんさん)公刊に尽力する。教育関係では、天理外国語学校講師、天理教校本科教授、天理第二中学校長、天理大学教授を務める。また、宗教法人天理教教会本部責任役員、真柱室主任などを歴任。主な著書に『おかぐらのうた』『天理教教典講習録』『おふでさき講義』などがある。平成五年、八十四歳で出直し。

教祖のお弟子になるには

ひながたの道を通らねばひながた要(い)らん。
ひながたなおせばどうもなろうまい。

これは、明治二十二年十一月七日の刻限の中にお教えくだされているお言葉であります。教祖は何のほこりも悪いんねんもない神様の御魂の御身をもって、我々一れつ人間をたすけるために、ありとあらゆる艱難苦労のどん底を、勇んで陽気にお通り抜けくだされたのであります。しかるに我々が、教祖のお話は遠い昔話であるなあ、昔はそんな苦労が要ったかしらんが、今日のお道には苦労なんか要らぬ、というようなことを言うたり、または、教祖は神様であるからして、どんな苦労でも勇んでお通りくだされたかしらんが、我々は凡夫である、とてもまねはできん、というようなことを言ったりしまして、初めから棒を折ってしまいましたならば、教祖の御苦労を無駄にしてしまうのであります。我々の一人ひとりが、ああ、この御苦労は我々のための御苦労である、否、現在の自分をお導きくださるがために、この御苦労を下されたと感激いたしまして、どんな苦労のなかからでも、どんな事情のなかからでも勇んで立ち上がって、初めて教祖の御ひながたが生きてくるのでございます。

また、ひながたの道は、なおそうとてなおされるものではありません。けれども、知って、しかも行わなかったならば、なおしたも同然であります。教祖は艱難苦労のなかも勇んでお通りくだされたかしらんが、何しろこっちは凡夫やから、悪いんねん切っていただきたいために艱難苦労はさしてもらうが、時々泣き言を言うのはやむを得ません。などと言うたならば、心づかいの理において、ひながたの理を曲げているのも同じであります。

そうかと思いましたならば、教祖は陽気ぐらしとお説きくださったのやもの、私は一つ、陽気ぐらしのとこだけまねさしてもらいたい。で、その代わり毎晩お酒三合飲ましてほしい、というようなことを言うておりましたならば、実行の点におきまして、教祖の御ひながたを曲げたと言わねばなりません。このように半分曲げ半分曲げの道を通っておりましたならば、結局は全部外れて通っていると言われてもやむを得ません。

教祖は、万人たすけのために、艱難苦労のなかへ突き進む、苦労を苦労と思わず、楽しんでお通り抜けくだされました。そうして今日の結構なるお道となったのであります。このお道が将来、伸びれば伸びるほど、ますます我々はしっかりと教祖の御ひながたを心に抱きしめて、夜も昼もその実行に邁進さしていただいて、初めて教祖のお弟子と言うことができるのであります。

ふしを頂いて

世間で七十七歳は喜の字の祝いであると申します。けれども教祖は、七十七歳のその翌年の七十八歳から八十九歳まで、足掛け十二年の間にわたりまして、幾度も警察や監獄へ御苦労くだされたのであります。何も悪いことをしたからではありません。この正しいお道を説きくだされ、珍しいおたすけがどんどん上がると言うては、引っ張りに来たのであります。しかも教祖は、ちょっとも腹を立てることもなく、また、怖め恐れることもなく、おふでさきの中にお記しくだされてございます通り、

月日にハなんでもかでもしんぢつを
心しいかりとふりぬけるで　（十　99）

こう仰せくださいまして、節から芽が出ると仰せくだされまして、高山（たかやま）へいそいそと、にをいがけにお出掛けくだされたのでございます。この親心のおかげによりまして、お道は、教祖が姿をおかくしになりましてからも、ご存命のお導きのままに、ご年祭を一節（ひとふし）一節といたしまして、どんどんと伸びてまいりました。

我々は、教祖のご年祭は大節である、大きな節からめでたい大きな芽を出さしていただくのであると、こうお教えいただいておりますが、近くは教祖の五十年祭、六十年祭、いずれも大きな節であり、大きな旬でなかったものはございません。

教祖の五十年祭の前年、昭和十年十二月十四日は、お道のうえの大節でありました。この日未明、トラックに分乗いたしました小隊の警官隊は、このお屋敷を訪れたのであります。このときに、判事、検事、警部補と十数名の一隊を迎えまして、求められるままに地下道を案内いたしました私は、この神殿の東側の、お守所（もりしょ）との間の廊下へ出てきたのであります。そのときに一隊の指揮者でありました判事さんの申されますのに、「この神殿の中には、かんろだいというものがありますか」と、こういう問いであります。それで私は、「いかにもかんろだいはございます。ご希望でございましたならばご覧いただいて結構でありますが、この中へ入っていただくためには、白い着物を着てもらわねばなりません」と、こう申したのであります。白い着物というのは、お掃除のときに着るお掃除着のことなのです。そういたしますると、その判事さんのいわく、「それほどまでにして我々がこの中へ入りましたならば、信者の方々も動揺されるでありましょう。あるということさえ分かりましたならば、それで結構です」。そう言うて東回廊を引き返されたのであります。私はそのとき、ぢばかんろだいの理の尊さと、自由自在（じゅうようじざい）のご守護に厚い感激を覚えたのでございます。

このとき私は、ご母堂様（中山たまへ初代真柱様夫人）に「我々は若（わこ）うございますので、こんなことがございましてもあまり気にはなりませんが、ご母堂様はご老年でございますから、さぞお気をお使いくだされたことでございましょう」と、かように申し上げました。するとご母堂様は、ただひと言、「わしは小さいときから、こんなことには慣れている」と仰せになったのであります。

七、八つから十前後、教祖とご一緒に、どんな迫害干渉のなかもお通りくだされたご母堂様のご幼時を偲びまして、私は全く胸迫る思いがいたしました。とともに、感じましたことは、ひながたの道は生きているということであります。ひながたの道は生きている、とまことに力強く感じた次第でございます。

その当時、元老の先生方からお教えいただきました言葉は、いまなお私の耳の中に鳴り響いているのであります。

山澤為造先生は、本部の詰所の横の廊下で、私と二人歩いておりましたときに振り返られまして、小さい声で申されました。「これはお道の者が贅沢になったからですぜ。神様が知らしていてくだはるのや」。そのようにお聞かせくださいました。松村吉太郎先生には、これは三昧田の教会へお伺いしたときのことでありますが、仰せになりましたのに「上田はん、お道の者はなあ、いざというときには誰か一人まな板にならんなりまへんなあ」。こうお教えくだされたのであります。

また、板倉槌三郎先生は、これはお宅へ伺いましたときに「この節から、天理教が大きくなるのである」と、お教えくだされました。私は、こんなにおぢばで大きな節の見えているときに、世界ではいったい何が起こるのかしらと思っておりましたところが、年が明けまして、五十年祭の年に立て合いまして、昭和十一年二月の二十六日には、東京におきまして、例の二・二六事件が勃発したのであります。これは暗黒時代の、まことに初めであると申さねばならん事情でありました。

六十年祭の前年、昭和二十年の八月の十五日には、終戦の重大放送がございまして、この前後の道と世界の合図立て合いにつきましては、皆さま方が十分にご記憶新たなることであると思いますから、あらためて申し上げません。

日本の国は、こうして最近の二十年余り、まことに激しい興亡の嵐に吹きすさばれてきたのでありますが、神様のお始めくださいましたこのお道は、どんどんと躍進に躍進を重ね、発展に発展を重ねてきているのであります。これはひとえに親神様のご守護の下、ご存命の教祖のお徳に守られて、節のあるごとに全教真に一手一つとなって、教祖の御ひながたにかえり、力いっぱいたすけ一条に全力を捧(ささ)げて通らしていただいてきた賜(たまもの)であると信じるものでございます。こうしてお道は一歩一歩と往還の道に近づき、そうして陽気ぐらしの世界は一歩一歩と実現されてきているのでございます。

ひながたへ復る三年千日

さて、目の前には教祖七十年祭が迫っております。三年千日と仰せくだされておりまする七十年祭は、すでに数カ月を過ぎまして、現在から満二カ年と数カ月を余すのみとなったのであります。日数にいたしまして、千と数十日、本日から数えまして、これだけの日数があるのでございます。この三年千日ということは、単なる数字ではございません。初めに申し上げました「ひながたの道を通らねばひながた要らん。ひながたなおせばどうもなろうまい」。こう仰せになっておりまする刻限の続きに、懇々（こんこん）と、この三年千日の意味をお述べくだされているのであります。

いま、その大意を申し上げまするると、教祖は五十年の長い間、ありとあらゆる艱難御苦労をお通りくだされたが、子供であるおまえたちに、もう三十年二十年、親の通りの苦労を通れと言うたならばとても難しいであろう。十年と言うても子供にそんな苦労をさすのはいじらしい。十年の中三つ、すなわち三年千日は、どうでも親の足跡を通れ、ひながたの道より道がないでと、こう仰せくだされているのであります。まことに三年千日とは、教祖のひながたの御理のこもる、親の慈悲のこもるありがたい日数であります。我々は目の前の七十年祭目標（めど）に、力いっぱいひながたの道を邁進さしていただきましょう。

さて、昨年の十一月一日にご発表くだされましたご諭達の第一号には、七十年祭は復元の時旬である。我々は教祖のひながたへ復（かえ）ることによって、陽気ぐらしへ到達さしていただくのです。親神様は、こんな泥海の中に月日両神がいたばかりではまことに味気ない、なんと人間というものを拵（こしら）えて、その陽気ぐらしをするのを見て神も共に楽しもうではないかと、こう仰せになりまして、我々人間をお創（はじ）めくだされた陽気ぐらしの元一日の、親の思いに復る時旬である、陽気ぐらしに到達する時旬であると、お教えくだされてございます。

　そのために子供の心の成人をさしていただくのが、この三年千日の我々のつとめであると、お教えくだされております。子供の成人とは、心の喜びを大にすることであります。いままで嘆いて不足していた者は、これからは絶対に泣き言は申しません。こういうことであります。いままで喜べなかった者は、芯から嬉（うれ）しいなあ、と言うて喜ばしていただくことでございます。また、いままでに喜んでおりました者は、もっと心から大きく喜ばしていただくことであると思います。こうして喜びでいっぱいになってまいりましたならば、自分だけの喜びにしまっておかないで、世界の身上や事情で嘆き悩んでいる方々に、この喜びを、おにをいがけさしていただくのであります。

匂(にお)いは枝先にあります。梅の花でもご覧ください。花の咲くのも実のなるのも枝先であります。きょう初めてお参りいただいた方も、別席運び中の方も、みんなが一緒におにをいがけをさしていただくのであります。そうしておたすけは、身も心もたすけいただきますするおさづけの取り次ぎを第一義といたしまして、よろづたすけと仰せくだされてありますように、世上世間の嘆き苦しんでいる人々を、どんなところからでもよい、しっかりとおたすけをさしていただくのであります。こうして喜びが世界に溢(あふ)れてまいりましたときに、一段一段と我々子供は、心のうえに成人をさしていただき、これが形の成人となって現れ、お道全体といたしましては、偉大なる道の成人、道の躍進、陽気ぐらしの世界をお見せいただくことができるのであります。

しかも今日の世界は、決して安閑としておれる時代ではありません。冷たい戦争が続くと言うておりますうちに、火花を散らすような緊張の状態が、昼も夜も続いておるのであります。決して容易なる事態ではありません。

けれども絶対に先案じをしてはなりません。この世界は、親神が陽気ぐらしをせよとてお創りくだされた世界であり、この親神様のお心に守られて生きる世界でございます。我々は希望を持たねばなりません。願いこそ、陽気ぐらしの第一条件であると信じるのでございます。

おふでさきの中に、

しんぢつの心あるならなになりと
はやくねがゑよすぐにかなうで　（七　46）

こう、お記しくだされてあります。また、

はや〳〵と心そろをてしいかりと
つとめするならせかいをさまる　（十四　92）

かように仰せくだされてございます。

ぢば・かんろだいを目標として、親の心一つに溶け込んで、おぢばで勤めさしていただきまする、かんろだいづとめの理を受けて、全教が本当に一手一つとなりまして、おたすけとひのきしんに力いっぱい邁進さしていただきまするとき、親神様の自由自在のご守護を頂きまして、賑（にぎ）やかに、和やかに、嬉しい平和世界のなかに、めでたく教祖の七十年祭をお迎えさしていただけるのは、固く信じて疑わないところであります。

その日まで三年千日、相共に励まし合いまして、力いっぱい勇んでひながたの道を進ましていただきましょう。どうか、くれぐれもよろしくお願い申し上げます。

ひながた私観

昭和二十五年二月号

高野友治
たかの・ともじ

明治四十二年、新潟県加茂（かも）市に生まれる。昭和七年、天理外国語学校（現・天理大学）英語部卒業後、天理教道友社編集部に勤務。教祖から直接教えを受けた古老を歴訪して昔語りを聞くとともに、その郷土に語り伝えられている語り草を収集して回る。十三年、天理教校本科へ移り、天理教史を教える。二十三年、天理大学に招かれ、三十三年、教授に就任。五十三年に退官後、天理大学名誉教授となる。主な著書に『御存命の頃』『天理教伝道史』（全十巻）『高野友治著作集』（全六巻・別巻一）『先人素描』など多数。平成十五年、九十三歳で出直し。

教祖のお心

親は子が可愛（かわい）いのである。どれだけ何人おっても、どの子一人憎いという子供はないのである。何人か子供がおれば、強い子供もある。弱い子供もある。賢（かしこ）い子供もあれば、愚かなる子供もある。元気よくどんどんと進む子供もあれば、心砕けて進みかねている子供もある。よそ見をして道草を食うている子供もある。放っておけば倒れてしまう子供もある。

親は、さあ元気よく進めと、進む方向を示して、自ら先頭に立って、ここまでおいでと招いてくれても、道草を食うている子供や、泣いている子供や、倒れそうになっている子供たちを見ては、放っておけないのである。

元気のよい子供には、どんどん進ませながらも、自分みずからは、道草を食っている子供のところへ来ては早く進めよと勧め、泣いている子供のところへ来ては元気を出すんだよと慰め、倒れようとする子供のところへ来ては抱きかかえて歩ませてくれるのである。さあさあ、このときはこうやって通るんだよと、自分で通り方を示してくださる。それが親である。

親は元気な子供の側（そば）にいるより、弱くて進みかねる子供の側や、よそ見をしている子供の側に来ているほうが多いであろう。親の心が常に通うているところは、むしろ気の毒な子供の上であろう。この場合、元気な子供が、親は私を可愛がってくれないと言うのは当たらない。

教祖は人間の親である。全人類の親である。人間全部が可愛いのである。人間全部に陽気ぐらしをさせたいのである。みんな仲良く、強き者は弱き者をたすけ、賢き者は愚かなる者を導き、互いに励まし合い、あちら遅れば手伝い、こちら遅れば手伝って、陽気ぐらしのできるように創ってあるこの世の生を楽しんでくれと、人間に教えられているもののようである。

それを人間は、自分さえ良ければよいように思うて、他の困るのを見捨て、または困らしながらも、自分の都合の良いように進んでいる。人間の親なる神としては、それは悲しいことであろう。

さあさあ人間の進むべき道はこうである、たすけ一条の道こそ親の望む道である、それにはこうして通ってくれと、教祖は御みずから、人間の先頭に立って、五十年の長い間、今日一日というて休む暇もなく、何の酬いも求めず、それどころか、子供なる人間に笑われ、そしられ、果ては反対攻撃されるなか、それでも子供たち全体の永遠の幸福を慮って、いばらぐろや、崖道や、火の中や淵中や、剣の中をも、お通りくだされたのである。

しかも、よく考えてみると、先頭に立たれながらも、常に弱き者、道草を食っている者、進みかねている者、困窮の果てにある者、病気災難に泣いている者、まさに人間から脱落せんとする者の側においでになって、抱きかかえられ、たすけられ、このときはこうして通るのだと、御みずからその通り方をいちいちお示しくだされている。

教祖の九十年のご生涯を人間のひながたと見るに、先頭に立ってのひながたよりは、むしろ後尾にお回りになって、励まし、慰め、抱きかかえになっているひながたのほうが多いように見られる。

教祖は超人であり、英雄ではあったとしても（そういう言葉を使っていいか悪いか知らぬが）、超人主義者でもなく、英雄主義者でもなかった。

教祖は人類の親である。親がひとり超人であったり、英雄であったりしては子供は育たない。みんなたすけたいのが親であり、自分はどんなに苦労しても、子供たちを満足させてやりたいのが親である。特に弱い子供、遅れた子供、泣いている子供、倒れている子供をたすけたいのが親である。教祖のひながたは、人間の親として、そういうひながたが多かったように思う。そこに親としての無限のありがたさがあると思われる。

神の心の具現化

しばしば、こういう質問をうける。「教祖はなぜ、金持ちの手本ひながたを示してくださらんかったのか」とか、「教祖はなぜ、功成り名遂げて位人臣を極めるといったひながたを示してくださらなかったのか」とか。噫、何たる悲しき質問ぞや。偉くなりたいというのは子供の心、子供をみんな出世させてやりたいというのが親の心。

だん〳〵とこどものしゆせまちかねる
神のをもわくこればかりなり
（四 65）

と仰せられる。思うに、教祖のひながたの道は、人間全部、一人残らず幸福にしてやりたいとの親なる神の大慈悲心のひながたであって、人間利己心のひながたでない。神の子たる者は、皆かくのごとくたすけ合って、人間全部が幸福になってくれとの神の心の具現化である。そこにこそ、人間の正しく生きる道があり、人間世界の真の平和があることをお示しくだされたものと思う。

教祖は学問を否定されたとは思われない。金持ちを否定されたとは思われない。また幸福なる者を、無理に苦の底に落ちよと仰せられたものとも思われない。ただ、特定の人だけでなく、人間全部が全体として地上の楽しみを楽しんでくれと願われたものと思われる。間違って、自分だけが楽しむ学問、自分だけが楽しむ金持ち、自分だけが幸福である幸福なる者、それでは他の子供たちが気の毒ではないか。

みんな神の子であって、みんな神は可愛いのであるから、みんな手をつなぎ合って、たすけ合って幸福になってくれと願われたものと思う。

そして御みずからは、遅れたる者、困っている者、泣いている者、脱落せんとする子供たちのために、かかるときはかかる道をこうして切り抜けてくれ、通ってくれと、その手本ひながたをお示しくだされた場合が多いものと思う。教祖のひながたに、困窮の極みにおけるひながたが多いのは、そのためであると思う。それは親なればこそであろう。十人の子供をもつ親があったとして、親はみな子供可愛いのであるが、順調に進んでいる子供はまあまあよかろうとして、逆境に泣いている子供の側へ行って手伝ってやるのが親である。

人間の親として

教祖は「学者金持ち後回し」と仰せられたと伝えられている。それは、学者金持ちを否定されたものとは思われない。ただ、学者は学問によって楽しき道を進んでおり、金持ちは金によって楽しき道を進んでいる。楽しく喜んで生きていてくれれば、今のところ何も言うことがない。それよりも今というて今、生きるに生きかねるというて泣いている子供がたくさんいる。まず、そのほうから救いの手を伸べなければならんと、「一に百姓たすけたい」と仰せられたものと思う。

教祖が教えをお始めになった徳川末期の人間の生活においては、百姓の生活が一番みじめであったからである。総じて「谷底せり上げ」とて、一番困っている者からたすけたいと仰せられたものと思う。そこにも、教祖の人間の親としてのお心持ちがうかがわれるのである。

十人の子供の親が、一番具合のよい子供の側にばかりいて、指導していたらどうであろう。その他の子供は生きる道を失ってしまう。良い子はどんどん進むかもしれぬが、他の子供は人生を落伍（らくご）してしまう。それは親の道ではない。

もちろん、順調に進んでいる子供は放っておくというのではない。ただ、今のところ、それらの子供は楽しく生きていてくれるから、まあまあ、それより今というたら今、たすけてやり導いてやらねばならぬほうを先として、学者金持ちの、楽しく生きていてくれるほうを後に回すという意味だと考えられる。それが親の心だと思う。だから学者金持ちを否定しているのでなく、むしろ親としては、手のかからぬ子供として喜んで見ておられるのではなかろうか。

こう言うと、すごく学者金持ちの肩を持って、学者金持ちは、神の教えをそう聞かんでもよいように聞こえるかもしれんが、そういう意味ではない。手のかからぬ子供だといっても、子供は子供である。脱落の可能性は十分ある。悪いほうに悟ってもらってはどうもならんのである。学問とか金とかの楽しみの道具を持っているとしても、それを間違った方向に使ってもらってはどうもならんのである。その意味で、むしろ学者金持ちに親の心を知らせたいのであろうが、今というて今、泣いている子供を何とかしなければならなかったものと思う。

道の初めは、教祖お一人であった。人数が足らんで、どうにも全般的に手の回りかねたところがあったと思う。しかし、今となっては教師十万、とにかく人数はできたのである。「学者金持ち後回し」の時代は過ぎ、学者であろうが、金持ちであろうが、王様であろうが、坊さんであろうが、他教徒であろうが、神の子である限りにおいては、一れつに神の教えを説き及ぼす旬は到来しているものと思う。

前生の忘却は神の慈悲

さて、人間は一代限りの存在ではない。永遠の生の中の一こまとして今の人生を生きているのである。そして、今の人生は過去の前生前生の延長としての今の人生である。したがって、今の人生におけるいろいろの出来事は、過去の前生前生の生の出来事と関連を持って出てくるのである。今日の出来事が、過去の日々の出来事と関連して起こってくるごとくに。また、南瓜(かぼちゃ)の一生は種子から始まって、葉を出し、蔓(つる)を伸ばし、花をつけ、実をみのらせ、種子を残して終わり、その種子が、また次の年にその生を繰り返し、前の生と関連を持ちながら今の一生を続けていくごとくに。

いま、この南瓜の場合に例をとるなら、南瓜の今の状態の良し悪しは、前の生の状態と関連を持つ。その関連は種子の中にその必然的可能性を含んでいる。必然的可能性という意味は、ここに良種の千成南瓜があるとして、千成南瓜は千成南瓜となる必然性は持っているが、それが前のもののごとく良きものになるか、然らざるかは、今の状況が関係を持つ。今の生における修理肥の如何による。その意味において、必然性であるごとくに思われるが必然性ではない、可能性である。それで必然的可能性という言葉を用いた。人間は生まれたときに、前生からの延長としての必然性と、今生における生き方の如何による可能性とを持っている。

人間は神の慈悲によって前生を忘却して、子供として生まれてくる。人間は忘却しても延長は延長であり、続きは続きである。南瓜の種子の中に前の生の必然的可能性が含まれているごとく、人間は生まれたときに前生から必然的可能性を持って生まれてくる。前の生の生き方がみな異なっていたのであるから、今の生におけるその人その人の必然性が異なっているはずである。赤きものは赤きもの、白きものは白きもの、黒きものは黒きものとして、永遠の生の継続としての今生への誕生があるはずである。そこに生まれたとき、すでに貧富順逆の差が生じてくるものと見られる。

ただし、赤きものが赤くなるか、白きものが白くなるか、黒きものが黒くなるか、それは可能性である。こう言うと、前の生の悪人は、その必然性として悪人として生まれてくるかのごとく考えられるが、そうではないようである。いかなる悪人といわれている人でも、神の子としての本来的なるものがあるはずである。悪事をやったとしても、それに対する反発が心の片隅に、意識されると否とにかかわらず、微少であっても猛烈な勢いで起こっているはずである。現れた姿においては生涯悪人であったとしても、心の傾向としては善への切なる憧れがあるものといわれる。かかる場合、前の生の通り返しの生を通らんとしての必然性をもって、今の世に誕生してくるもののように考えられる。先に赤きもの、白きもの、黒きものといった意味は、眼に見える形ではなく、心の傾向の意味である。

なぜ、ひながたがあるのか

とにかく、人間は前の生を知らない。知らないながら前の生からの必然的堕力に動かされながら生きている。そして泣いている。それが親なる神の目から見ると、気の毒でならないと仰せられているようである。必然的堕力として人間の上に、いろいろな事情や身上が起こってくる。それは、本当をいうなら、通って果たしきって、必然的堕力の方向を改めるべきもののようであり、そうしてくれと神は言われているもののようである。

しかし人間は力弱く、その重圧にたえかねて泣いている。そこで、親なる神は教祖に入り込んで、この場合はこう、この場合はこうと、あらゆる場合の通り方、切り抜け方のひながたをお示しになったもののように思う。そして、それでもつらかろうから、十のもの十通れとは言わん、親が通った道一分二分通れば、あと七分八分は神が足して十分と受け取ってやろうと仰せられたと聞かせてもらうのである。

いんねんは知るべきであって、なずむべきでないと思う。むしろ、それによって、成人への道の促進力となすところに意味があるものと思う。人間全部が陽気に勇んでもらいたいのが親なる神の思惑であって、いかなることも喜んで通るところに道の通り方があり、そこに教祖ひながたの意味があると思う。

　どういう事違うこういう事違う、それは言うまで。道は道の理ある。

（明治29・3・19）

と仰せられる。いんねんは皆ある。なれども、それ以上に、神の思惑がある。なんとか人間全部を幸福にしたい神の手引きであるのだと仰せられているものと思う。どんなことがあっても、成る理を喜んで、為（な）す理として、たすけ一条の精神に生きてくれと仰せられているものと思う。

どん底と陽気ぐらし

昭和三十二年四月号

松隈青壺
まつくま・せいこ

本名・据基（青壺は俳名）。明治四十五年、佐賀県鳥栖市に生まれる。昭和八年、法政大学卒業後、佐賀県の旧制中学校で教壇に立つ。二十年、修養科を志願し入信。二十一年、天理教校専修科講師。勤めのかたわら、教祖ゆかりの地を訪ね歩き、『天理時報』や『みちのとも』に執筆する。三十七年から天理大学講師。四十三年、天理教校専修科主任に就任。著書に『稿本天理教教祖伝参考事典』『おぢば風物誌――教祖様を尋ねて』『おぢばへの道――教祖御伝ゆかりの地をたずねて』などがある。四十八年、六十歳で出直し。

昭和三十一年の最も大きな感銘は、いうまでもなく教祖の七十年祭でありますが、さらにその期間中、月日のやしろ、ひながたの親であらせられる教祖のご伝記『天理教教祖伝稿案』について、第一次から第三次にわたる講習を傍聴させていただいたことであります。

第一次講習のときは、『天理教教祖伝稿案』でありましたものが、現在『稿本天理教教祖伝』としておわけいただいています。これは道の子が等しく、ひながたの書、陽気ぐらしへの道標（どうひょう）として、常に生活の基準となり、座右の書、伴侶（はんりょ）として、生涯手放すことのできないものと存じます。

本稿では『稿本天理教教祖伝』を拝読させていただきつつ、教祖の御（おん）ひながたのご一端を偲（しの）ばさせていただきたいと思います。

母屋売却と世界のふしん

教祖のご伝記の中で、嘉永（かえい）六年、この年、教祖は五十六歳であられましたが、いろいろと感銘の深い年代であります。すなわち嘉永六年二月二十二日、夫・善兵衛（ぜんべえ）様は六十六歳を一期（いちご）として出直されました。文化七年九月十五日、善兵衛様は二十三歳、教祖は十三歳のときのご結婚でありますから、ご夫婦のご生活は四十四年間ということになります。

一家の大黒柱である善兵衛様のお出直しのこの年、教祖の末娘こかん様は、忍坂（おつさか）村の又吉（またきち）ほか二人を連れて、親神様の御名を流すべく浪速（なにわ）の町に出掛けられました。これは本教にをいがけの初旅といわれ、また、求められずして、親神様の思召（おぼしめし）のままに、こちらから積極的に新しい分野へ向かって、神名を流しにかかられたご行動であるといわれます。このように、善兵衛様のお出直しという人生の悲しい出来事と、世界たすけの門出たるにをいがけの時旬とが立て合ったのが嘉永六年のことでありました。

そしてまた、かねて買い手を探しておられた中山家の母屋（おもや）が、望む人があって、いよいよ売られることとなり、取り壊されたのが、このころでありました。望む人というのは、京終（きょうばて）の近くの永井（ながい）村の大亀（おおかめ）という人との説があり、また南永井の吉岡（よしおか）とも、あるいは古市（ふるいち）村の人であったとの説もあって、よく分かりませんが、方向は奈良のほうであったと思われます

　実は教祖の三女おきみ様が、櫟本村の梶本惣治郎氏に嫁がれたのが嘉永五年でありました。そのとき、おはると改名されたといわれます。おはる様は、中山家の母屋が奈良のほうに売られていくのを、櫟本の家の前に立って見ておいでになると、隣近所の人々が、〝あなたの里方の本宅が売られていく〟といって、「そのときの悲しさは、いまも忘れることができない」と語っておられます。ご入嫁されてまだいくらも経たないのに、ご入嫁先の家の前を、少し前まではご自分も親しく住んでおられた実家の建物が壊されて売られていくのをご覧になるのでありますから、そのときのおはる様のお気持ちは、いかばかりかと思われます。

　いよいよ売られることとなった母屋取毀ちのとき、教祖は、

「これから、世界のふしんに掛る。祝うて下され」

と仰せられ、いそいそと人夫たちに酒肴をお出しなされた。それで人々は、このような陽気な家毀ちは初めてや、と言い合ったとのことであります。

このことを、明治三十三年十月三十一日午前二時の刻限のおさしづには、

> この道始め家の毀ち初めや。やれ目出度い〳〵と言うて、酒肴を出して内に祝うた事を思てみよ。変わりた話や〳〵。さあ〳〵そういう処から、今日まで始め来た〳〵。世界では長者でも今日から不自由の日もある。何でもない処から大きい成る日がある。家の毀ち初めから、今日の日に成ったる程と、聞き分けてくれにゃなろまい。

とのお言葉があります。

かくして中山家の母屋は売却されましたが、教祖は、これから「世界のふしん」に掛かるとお教えくだされ、おさしづには、「家の毀ち初めから、今日の日に成った」とお教えくだされているのであります。おさしづは、嘉永六年のころのことを、明治三十三年の十月にお教えくだされたお言葉でありますが、そのお言葉の中の「今日の日」を、また教祖七十年祭の行われた昭和の今日の日のこととして、教祖のお言葉を味わわせていただくことも大切な点ではないかと思います。

鼠一匹出ないなかの喜び

右の教祖のお言葉なり、おさしづのお言葉から、さらに思い起こされるのは、明治二十三年六月二十九日のおさしづに、

尽(つく)し果てた者があるから今日の日という。内に物が有っては邪魔になる。皆人に救(たす)けて了(しま)え。一粒万倍(いちりゅうまんばい)の理を聞き分け。皆種より生えて来る。天の理に凭(もた)れてするなら、怖(こ)わき危なきは無い。

とあるお言葉であります。このお言葉は、「物を施して執着を去れば、心に明るさが生まれ、心に明るさが生まれると、自(おのず)ら陽気ぐらしへの道が開ける」と、一れつ人間をたすけたいとの親心から、自ら歩んでたすかる道をお教えくだされた教祖の御ひながたが偲ばれるお言葉であり、その御ひながたをたどり、天の理に凭れて種蒔(ま)きをされたお道の先人の歩みが思い起こされるお言葉であります。

まことに「尽し果てた者があるから今日の日」があるのでありますが、つくし・

はこびの心は、明治三十五年七月二十日のおさしづに、

さあ頼もしい〳〵心供えば受け取る〳〵。泣く〳〵するようでは神が受け取れん。百万の物持って来るよりも、一厘の心受け取る。これだけ聞きたら、どんな事も分かる。

とのお言葉がありますように、人間の身上が、かしもの・かりものとして日々生かされている喜びの心、あるいは、おたすけいただいた感謝とご恩報じの心、その他いろいろの場合があると思いますが、こうした心を親神様・教祖にお受け取り願うことが、最も大切な点であろうと思います。

以上述べましたように、嘉永六年のころは、善兵衞様のお出直しと立て合って、外に向かってはこかん様をして世界たすけの門出であるにをいがけの第一歩を、十三峠を越えて浪速の地に初めて踏み出さしめられた年であり、内においては、中山家の母屋を売却され、「世界のふしん」に掛かられた年でありましたが、教祖の

ご生活のうえから申しますと、そのころからおよそ十年間は、まことに容易ならぬ道すがらでありました。母屋を売られましたのは嘉永六年のころでありましたが、その翌々年、教祖五十八歳の安政二年のころには、残れる田地の三町歩余りを悉く足達重助という人のところへ年切質に書き入れなされたのでありました。

そもそも教祖の貧のご生活は、立教直後に始まります。

天保九年、月日のやしろとなられた教祖は、親神様の思召のままに、

「貧に落ち切れ」

とお急き込みになり、お嫁入りのときの荷物をはじめ、食べ物、着物、金銭に至るまで、困っている人々に次々と施されました。教祖は、

「この家へやって来る者に、喜ばさずには一人もかえされん。親のたあには、世界中の人間は皆子供である」

と、子供可愛い一条の思召から、ますます果てしなく施し続けられました。その後、「この家形取り払え」とも、「明日は、家の高塀を取り払え」とも申されましたが、

嘉永年間になると、ついに母屋を売られ、いままた田地を全く手放されてしまわれました。このころから教祖のご生活は、文字通り貧のどん底に落ちきっていかれました。そのころのご生活のご模様については、教祖が、

「あのころは鼠一匹も出てこなかった」

と申されました。私どもの家を見ましても、鼠一匹出てこない生活は、よほどの場合と思われます。

また、明治二十九年三月三十一日のおさしづには、

三十年来寒ぶい晩にあたるものも無かった。あちらの枝を折りくべ、こちらの葉を取り寄せ、通り越して来た。神の話に嘘は有ろまい。

とのお言葉があります。右の一、二のお言葉からも、当時のまことにご困難なご生活の模様をよく思い描かせていただくことができます。

また、あるとき、こかん様が、

「お母さん、もう、お米はありません」

と言われると、教祖は、

「世界には、枕（まくら）もとに食物（たべもの）を山ほど積んでも、食べるに食べられず、水も喉（のど）を越さんと言うて苦しんでいる人もある。そのことを思えば、わしらは結構や、水を飲めば水の味がする。親神様が結構にお与え下されてある」

と諭されました。幾たび拝読いたしましても、実に味わいの深いお言葉であります。

ものの味が分かる喜び

どん底についての悟り方は、第十五回教義講習会において、真柱様（中山正善二代真柱様）が次のようにお仕込みくだされてあります。

「教祖が自ら貧のどん底にお落ちにならなければ、教祖が貧のどん底の意味が分からないのだ、かように人間一般のように考えましたらならば、それは我々（われわれ）の考えは非常に片寄っておりまするので、それは当たらないのであります。

親神様の思召をもってお考えになっておる教祖であるならば、百も二百もその味わいはご存じであります。しかしながら、自ら口で説くだけでなくて、板挟みになったとき、どん底になったときの歩み方なり、心の作り方をお示しになることによって、ひながたとして人間各自が左様な立場に立ち至ったときの心の持ち方をお示しになったのであります。つまり姿はどん底におりながら、陽気ぐらしへと起(た)ち上がっていく道すがらをお教えになったのであります」

とお教えくださいました。また第十六回教義講習会第一次講習においても、真柱様は次のようにお仕込みくだされてあります。

「どん底の場合におきましても、一番素直になれるであろうと思うのであります。物の執着を取って、明らかに胸の掃除のできる立場、態度になってくると思うのであります。それはどん底になって、裸になってしまうのが目的ではないので、かくして胸を掃除して、きれいな清らかな心になって、そうして陽気ぐらしのご守護を頂くことなのであります。裸になるのは目的ではなくて、風呂(ふろ)に入るのが目的です。風呂に入る目的のために、まず裸になるのと同じ——多少意味が違うかもしれませんが――段取りであるわけであります」

かように、お教えくだされてあります。

教祖は、月日のやしろの御立場から、親神様の思召である陽気ぐらしへの道をお教えくださるとともに、ひながたの親として、人間がどん底になったとき、胸の掃除をしてほこりを払い、陽気ぐらしの生活へ立ち上がっていく道と御ひながたを、身をもってお示しくだされたのでありました。

かような思いをもって、先ほどの教祖の「水を飲めば水の味がする」とのお言葉を拝誦いたしますと、一段と深い味わいを覚えます。このお言葉は、もしどん底にあっても、人が誠真実を神一条の道の上に尽くしきっていくとき、親神のご守護は無限に絶えることのないことをお教えくだされたものとも拝察いたします。ここで、「水を飲めば水の味がする」とは、水の真実の味わいと、そのご守護を分からせていただくことであろうとも悟らせていただきます。

喜びを見いだし得る生活

水を飲めば水の味がする生活、芋を食べれば芋の味がする生活、柿を食べれば柿の味がする生活、そうしたものの味が分かるということは、そのまま生活の喜びであります。世界、世の中には、人に味わう心さえあれば無限の味、無限のご守護が充満しております。というよりも、親神様の無限のご守護のなかに包まれ、生かされておりながら、それがおのが目に見えず、味わえないだけのことではないかと思います。

水一滴の中にも無限の親神様の恵みがこもっています。ここから教祖は、反古紙(ほご)一枚でも、菜の葉一枚でも大事にすることを教えられました。この反古紙一枚でも大事にされる教祖のお心と、世界一れつの上に注がれた教祖のお心とは、同じ教祖の親心の、それぞれの表れであろうと拝察いたします。

教祖はおふでさきに、

月日よりたん〳〵心つくしきり
そのゆへなるのにんけんである
いちれつのこともがかハいそれゆへに
いろ〳〵心つくしきるなり　（六　88）
（四　63）

とお教えくだされてあります。月日・親神様がだんだんと心を尽くして創（はじ）められたのが人間であり、世界一れつの子供が可愛い故に、いろいろと心を尽くすのであるとのお歌であります。人間は親神様のだんだんの心尽くし、いろいろの心尽くしのなかに生かされていることを、まず悟らせていただくことが、信仰の要（かなめ）であろうと思います。ここから、たんのうの心も開け、ひのきしんの行動も生まれ、陽気ぐらしへの道も開けてまいります。

人間の生活は、ちょうど拳（こぶし）の形にたとえられます。拳の指の付け根のように、幾つかの山があり、谷があるのが人生であります。山の頂上にあるような順調なときもあれば、深い谷底にあるような逆境もあります。順調なとき、人は真にその生活を喜んでいるかといえば、必ずしもそうとは限りません。果てしない執着から、あり余るご馳走(ちそう)でも頂ける生活でありながら、それが喜べない人がありのます。ただし、やはり問題は、谷底、逆境のときにより多くありましょう。

ラスキンという人の言葉に、「小さい家の中に住んでウォリック城に感嘆することができるほうが、ウォリック城に住んで何にも感心するもののないより、多分非常に幸福であろう」というのがあります。一面の真理を含んだ面白い言葉ではありますが、望むところは、いずれの場合におきましても、喜びを見いだし得る生活でありたいものであります。

教祖のどん底のご生活と、「水を飲めば水の味がする」とのお言葉は、どんな逆境、困難のなかにあっても、その時、その所から喜べる陽気な生活への道を、お言葉のお教えとともに、自ら身をもってお示しくだされた御ひながたでありますが、また、順逆いずれの境地生活にあっても、そこから陽気ぐらしへの道を歩ませていただくことのできる御ひながたとも悟らせていただきます。そして、どん底のなかにも、身をもって御ひながたをお示しくだされたこの陽気ぐらしのお教えは、「これから、世界のふしんに掛る」と仰せられましたように、世界一れつの陽気ぐらしが、その目標(めどう)であることを、自分の心におさめ、人にも伝えさせていただくのが最も肝要事であろうと思います。

ひながたの道とその実践

昭和五十八年七月号

田邊教一

たなべ・きょういち

大正七年、東京都に生まれる。旧制天理中学校を卒業後、二年間、本部で勤務。昭和十三年、天理教校本科第一期生として入学するも、その年の十二月、日中戦争のため出征。終戦後の二十一年、此花（このはな）大教会四代会長に就任。部内教会を一手一つにまとめるため、修理丹精に尽力する。また、教勢の五倍加を提唱し歩みを進めるなか、詰所普請や新設教会のご守護を頂く。八十年祭を勤め終えてのちは、神殿普請に取り掛かり、四十六年、真柱様を迎えて神殿落成奉告祭を執り行う。五十七年、本部員登用。平成二十二年、九十二歳で出直し。

教祖がお通りくだされたひながたの道は、私たちがたすけ一条に進ましていただくうえで、どこからでも実践してゆかなければならない道であります。現在、世代により考え方も違ってきていますが、単に現象面をとらえるのでなくして、そのご精神をしっかり心に置いて通ることが肝心であります。

教祖は、親神様の思召(おぼしめし)を口でお伝えくださり、忘れるからとて筆にお記しくださった。さらには、お説きくだされたことを、身をもって通られた。これは大きなひながただと思います。私たちお互いは、この教えを人様に取り次ぐ者でありますから、口で取り次ぎながら、やはり自らが実践しなければ、教祖のひながたをたどっているとは言えないと思います。この点が大切であります。

徹底した屋敷の掃除

教祖のひながたの道は、天保九年から、御身(おん)をおかくしくださった明治二十年までの五十年間を指して申しますが、その第一歩は、中山家の財産をすべて人に施し尽くしていくことに始まります。

この解釈は、いろいろなされています。一つには「貧に落ち切れ。貧に落ち切らねば、難儀なる者の味が分からん」(『稿本天理教教祖伝逸話篇』四「一粒万倍にして返す」）、といううえから、難儀の底に落ちきっていかれたのです。たすけるにも、高い所からではなく、苦しみ悩んでいる人たちとともに、たすけてくださったのです。

いま一つは、『稿本天理教教祖伝』に、「物を施して執着を去れば、心に明るさが生(うま)れ、心に明るさが生れると、自(おのずか)ら陽気ぐらしへの道が開ける」と記されています。すなわち、陽気ぐらしに一番早い道として物を施していかれた。執着を去る道としてお教えいただいたひながたである、とする解釈です。

ここでもう一つ、私の思いますのは、おふでさきに「やしきのそふじ」というお言葉があることです。

その施し方は、人に施したというよりも、本当に物を捨てられたような姿であり、しかも徹底しておられます。

考えてみれば、〝地持ち〟といわれた中山家は、この小さな庄屋敷(しょやしき)村で、通常、地持ちと称せられる家以上の土地、財産を持っておられた。その財産はどこから出来たものか。おそらく、当時の人々と同じように、人間の知恵、力などによって、代々積み重ねて出来てきた財産であろうと思うのです。言い換えますと、人間力のなかから出来てきた財産である。そうした物を持っていては、たすけ一条の道を進めることができない。そのうえから、屋敷の掃除をされたと私は考えるのです。

まず、母屋を取り払われたときに、教祖が手伝いに来た人々に対して、「これから、世界のふしんに掛る。祝うて下され」と仰せられた意味合いが、そこにあるわけです。中山家の人間一条から出来た財産のうち、一番大切な母屋の掃除ができた。いよいよこれから、神一条のふしんに掛かるのだと。

元治元年、つとめ場所のご普請も、秀司様が「どこへ建てさしていただきましょうか」と伺うと、「米倉と綿倉とを取りのけて、そのあとへ建てるのや」とおっしゃった。当時のお屋敷の面積からするならば、どこへでも建てられたものを、わざわざ残っている倉を取り除いておられます。さらに明治七年の門屋と倉の普請も、同様の経過をたどっています。

この徹底した屋敷の掃除の姿から、私たちはどのように悟らしていただくのか。

たすけ一条の道を歩むお互いは、人間の知恵、力で出来たものに心をとらわれていては、歩を進めることができないということであります。

最近は、教会長はじめよふぼくの布教意欲が、だんだんと低下し、勢いがなくなってきたとよくいわれる。原因は、〃みんな結構になったからだ。楽になって、人たすけがおろそかになってきた〃といわれます。

これには一理がありましょう。しかし私たちの先代は、お道を通らせていただくうえで、みな結構になりたい、幸せになりたいと信心したのです。難儀しよう、不自由しようといって最初から信心した人は、あまりいない。そこから信仰を始めて、代を重ねて今日、結構になってきたのです。教祖の仰せ通り、嘘(うそ)ではなかったのです。

そこで何がいけないかというと、この元を忘れているからです。親神様、教祖、ぢばのおかげで今日があるのだ、ということを忘れているのではないだろうか。

私どもの教会生活において、衣類一つを考えても、教服、おつとめ衣(ぎ)まで入れると、相当な衣装持ちと言えます。しかし、その結構を自らの欲のために求めて身に着けていくことは戒めねばならないことです。つまり、たすけ一条のうえに与えていただいた物を、親神様のおかげと思わず、喜びを忘れてしまうところに、誤りが出てくるのです。

それゆえ、布教するには、欲を忘れることが大切です。常に無所有の境地、この姿こそが、たすけ一条に進ましていただくお互いにとって、肝心な点であります。

難儀さそ、不自由さそという親は無い。（明治21・6）

と仰せくださる教祖が、そのひながたの最初に難儀の底へ落ちきっていかれた。そこに大きな意味があると、私は思います。いわゆる人間思案を投げ捨て、神一条にもたれきるところに、真の与えがある。それをお教えいただいているのです。

教祖を月日のやしろにもらい受けられるときに、「今は種々と心配するは無理でないけれど、二十年三十年経ったなれば、皆の者成程と思う日が来る程に」とおっしゃった。これは、たすけ一条のうえでの難儀、不自由というものは楽しみであるということです。このことを忘れると、お道のうえでどんな地位や立場を与えられようと、信仰の堕落の第一歩が始まるのです。

にをいがけ・おたすけの方法も、このごろでは成人講座などで、基本教義をみな、勉強しようとしています。しかし、相手がお話を聞いてくださるときに、天理教の教理で道について来る人は、わずかです。「そんな難しい教理はどうでもいい。たすけてもらいたい」、私たちの先代もみなそうでした。〝天理教は嫌いだが、たすけてくださるのなら一つやってみようか〟〝天理教は嫌いだけれども、あの人の親切、熱心さには頭が下がる〟と言って、人柄に人々がついてくるのです。

この人柄とは、教理を身に治めた姿だと思います。それゆえ、教理を勉強するばかりでなく、これを実行して身に付けさしていただくことが肝心です。

心底から出る優しさ、温かさ

教祖は、月日のやしろとして、厳然と親神様の教えをお説きくださいましたが、人々をお導きくださり、たすけてくださるうえについては、実にやわらかな優しい言葉をかけてくださっています。よろづたすけの道あけと仰せられた、をびや許しのご事跡でも、それはうかがえます。

をびや許しを頂きながら、産後の患いをなさった清水ゆきさんに対して教祖は、疑ったとおっしゃった。それは、おゆきさんが、をびや許しだけにもたれないで、その他の安産の手だても講じたためです。元の屋敷からお許しいただいた、をびや許し一すじに、仰せ通りにしていたならば、疑ったとはおっしゃらなかったと思います。

しかし、教祖は、そのおゆきさんが産んだ乳飲み子を預かってお世話なされ、おゆきさん自身にも御供(ごく)を与えて、たすけようとなさっておられます。そこに、徹底したたすけの姿がある。現在、ある程度までは、たすけようと思って一生懸命になりますが、もしもご守護を頂けなかったら、その人の聞き分けが悪い、信仰の仕方が悪いと言って、自ら理由づけをしている人が、教会長のなかにも見受けられます。

教祖のひながたは、そうではなくして、どこまでもたすけ上げる徹底したおたすけの姿です。たすけてくださる一面において、底なしの親切をもって、たすけねばやまない御道すがらなのです。

たすけを乞う者は、ささいなことにでも不安を感じます。その人たちをかかえて、成人をしていただき、たすけさせていただく立場になるのですから、どこまでも、たすけ上げようとする真実こそが大切です。

また〝切り言葉、捨て言葉出すやない〟と仰せくださいます。相手の身になって物事を考えるおたすけ人として大切なことは、心の中から出る優しさ、温かさです。これは、布教するうえで一番肝心なことだと思います。そこに、天理教のことは分からないが、あの人の親切、熱心には負けたと言って、お話を聞いてくださり、ついてきてくださる人ができてくる。

ご恩報じの道

小西定吉さんがご守護を頂き、「この御恩は、どうして返させて頂けましょうか」と伺うと、教祖は、「あんたの救かったことを、人さんに真剣に話さして頂くのやで」（『稿本天理教教祖伝逸話篇』一〇〇「人を救けるのやで」）と仰せられた。これで、にをいが掛かるのです。また、御津大教会初代会長・小松駒吉先生なども、ご恩報じと言って大阪の街を拍子木打ちながら、「なむ天理王命」と神名を流して歩かれたと聞きます。

二代真柱様は、にをいがけはピーアールであるとおっしゃったことがあった。ピーアールには、戸別訪問、文書布教、また講演、電波による布教と、いろいろな方法があります。確かに、身上・事情で悩んでいる人でなければ、なかなか道の話は聞いていただけません。しかし、そうでない人々にも聞いてもらえるようにならなければなりません。布教するお互いは、このにをいがけを通して、親神様の思召を伝えさせていただくのですから、どんななかであろうと、くじけてはならない。それも、教祖はひながたでお教えくだされています。

ひながたの道は、御苦労と申します通り、難儀、不自由の道ばかりでありました。まず夫様はじめ親族の反対、そして村人、山伏、僧侶の反対。道が伸びると、今度は官憲からの迫害が加わりました。それらはみな、ふしであります。そして、ふしがあればあるほど、たすけ一条の道を積極的に進められたのが、教祖のひながたなのです。

ふしを乗り越えた向こうに

明治七年の大和神社のふしから神名の取り払いに至る一連の高山布教のご事跡に合わせて、さづけの理をお渡しくだされ、なお赤衣をお召しになって、月日のやしろであるゆえんを如実に示されています。

また、おつとめの地歌を、「あしきはらひ……」から「あしきをはらうて……」とされたのも、かんろだい石普請取り払いの折です。

お道を信仰するなかにも、ふしは出てきます。天理教は「陽気ぐらし」といいますが、晴天の日ばかりではない。雨の日も嵐の日もあります。心勇むときだけではなく、いずむときも出てきます。それがふしです。そのふしから逃げては何にもならない。ふしを越えた向こうに、親神様はたすけてやりたいと、待ちかねていてくださるのです。

たすけ一条の道を一生懸命に進ましていただいていると思うなかに、与えられる身上・事情。これは、道におけるふしだと思います。そのふしに当たったときに、なお一層成人するよう思案するのが、教祖ひながたの道であります。

教祖が御身をおかくしになった年祭の元一日を思案すると、当時の人々にとって、それは決して嬉しいことではなく、大変なことでした。しかし、神様のほうからは、〝これからたすけに掛かるのや〟というわけで、定命を二十五年縮められたのです。世界一れつ人間かわいい一条、たすけたい一条、これが親の心であり、ひながたの根源であったわけです。

私たちがにをいがけに歩くときに、にをいが掛かり、あるいはさづけの理を取り次いでご守護を頂くのも、それは親神様の領分であります。私たちは、にをいがけをし、おさづけを取り次がせてもらったらいいのです。

私の教会の前会長は、集金の人が来るたびに必ず出ていって、お金を渡さないいま三十分くらいお話を取り次ぎました。私は、〝一つにをいがけの方法を教えてもらった〟くらいの思いでしたが、前会長は後で、若い者を呼びつけて叱（しか）りました。「おまえたちは親切心がない。こんな結構な親神様のお話を知りながら、人に伝えない。聞く聞かんは相手の勝手じゃ。けれども聞かしておけば、身上・事情の出たときに、どこの教会へでも話を聞きに行く」と。

聞く聞かんは相手の勝手だと思ったら、にをいがけはしやすいですね。にをいを掛けてくださるのは、親神様のお働き。私たちの知恵、才覚じゃない。それに向かって努力することが、私たちにとって一番大切なことであり、そこに喜びも味わえてまいります。

人間であるがゆえの人たすけ

最近は、教祖百年祭を間近に控えていることもあり、「にをいがけせよ」「おたすけせよ」と言われます。けれども私は、部内の教会長らに対して、「あまりよふぼくに、やかましく言うな」と言っています。なぜなら、何度も聞かされることによって耳にタコができて、ちょうど小学生が「勉強せよ」と言われるのと同じようになってしまう。それよりも、なぜにをいがけをしなければならないのか、なぜおたすけが必要なのか、それをよふぼくに知っていただくことが肝心だと思うからです。

人ににをいを掛けるためには、良いにをいを発散させねばならない。そのためには、布教者自身が〝なるほどの人〟にならなければ、良いにをいは出てきません。

また、天理教を信仰しているから、よふぼくだから、にをいがけ・おたすけをしなければならないと思っている方が見受けられます。個人の悪いいんねんゆえにお道に入り、いんねんを切ってもらいたい、いんねんが悪いから、仕方なしににをいがけに出ているという人も、ないとはいえません。

こうした人が、たまたま結構になってくると、「私はもう苦労したのだから、子供にはあんな苦労はさせとうない」と言いだす。にをいがけ・おたすけの本義を失い、自分の結構さ、ありがたさだけを求めている信心。人をたすけると言いながら、わが身たすかりたい信心です。

教祖は五十年の間、中山家のいんねんを切ろうとして、ひながたの道をお通りくだされたのではない。ましてや、わが身のためでもない。しかも、人をたすけることは、お道を信仰しているからではなく、人間であるから人たすけをさせていただかなければならないのです。

いま丶でハせかいぢうゝハ一れつに
めへ／＼しやんをしてわいれども　（十二　89）
なさけないとのよにしやんしたとても
人をたすける心ないので　（十二　90）

これから八月日たのみや一れつわ
心しいかりいれかゑてくれ　（十二　91）

すなわち、世界中の人間は、幸せになりたいと思案していても、情けないことに人をたすける心がない。親神が、頼むから、我(われ)さえ良くばよい、今さえ良くばよいとの心を、人をたすける心に入れ替えてくれと、全人類に語りかけてくださっています。しかし、世の人々はそれを知らないのですから、先に聞き分けたお互いが、人様に伝えていくのが、にをいがけです。

にをいが掛かるのも、さづけの理を取り次いでご守護を頂くのも、親神様のお働きでありますが、そのおたすけを頂くためには伏せ込みが必要です。

私たちは、花は一度に咲かないことを、しっかり心に置かねばなりません。いま蒔(ま)いて、すぐ生える水中花とは違います。なってもならいでも、コツコツと伏せ込ましていただく。その伏せ込みを楽しみに、通らしていただくことです。

お道に失敗はありません。いま、にをいが掛からなくとも、それが将来への大きな伏せ込みになっているのです。

行き詰まったとき、心いずんだときは、教祖ならばどうなさったであろうかと、いつも心に置いて、勇んで通らせていただきたいと思います。

真柱様の食膳など

昭和三十八年七月号

今村英太郎

いまむら・えいたろう

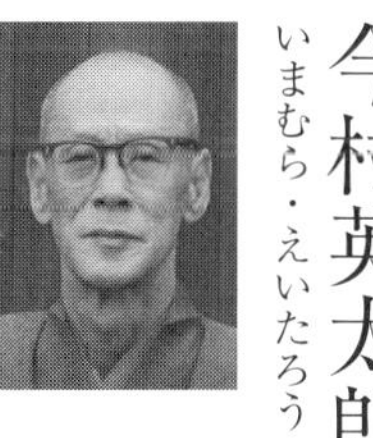

明治二十七年、今村斧太郎（おのたろう）氏の長男として天理市に生まれる。四十五年、重病により仮死状態となるが、お神水（こうずい）を頂いて奇跡的に蘇生（そせい）、道一条の心を固く定める。大正八年、前年に創立した天理教青年会の書記を務める。昭和七年、『天理時報』主筆となり、執筆・編集に携わる。十七年に青森縣（あおもりけん）分教会初代会長、十九年に和歌山縣（わかやまけん）分教会二代会長に就任。二十五年、本部准員登用。三十年、治文（じぶん）分教会を設立。青森・秋田・岩手・和歌山各教区長、道友社長、土査室主任などを歴任。四十四年、七十六歳で出直し。

質素なお食事

当時、おやしきの「中南（なかみなみ）」の門を潜（くぐ）って、神殿の東側を北行すると、本部詰所の北側に真柱様のお宅があった。前は小溝になっていて、澄みきった清冽（せいれつ）な水が満々と流れていた。小溝の東側は本部の炊事場になっており、いつも小母（おば）さん方が、その小溝で食器などを洗っておられたのを覚えている。その西に真柱宅の内玄関があった。

いつのころであったか、幼かった私は、あるとき、その内玄関をひょいと入っていった。何かの用事でか、それともどういうわけであったか、行った理由は思い出せない。入り口から入ると、そこはコンクリートの土間になっていて、細い中段の小縁に続いて、すぐ六畳くらいの部屋になっていた。そして、部屋の真ん中に高い足のある食膳（しょくぜん）が一つ置かれてあったのである。

なんでも四隅を切った三十四、五センチ角くらいの大きさの高膳であったと思うが、お膳には白布がかぶさっていた。

そこへ、初代真柱様がおいでになって、お膳の前にお座りになったのである。そして白布を前方にはねられると、その白布はお膳の一辺に取りつけてあったものか、畳の上には落ちずに、たらりと垂れたままになっていた。

見ると、お膳には二つ三つの小鉢が並んであるだけである。まことに簡素なお食事で、私は子供心にも、その質素なのに驚いたのである。真柱様のお食事なら、ご馳走がたくさんあるのかと思っていたところ、案外だったので、一驚した思いがまだ残っている。私はあわてて、すぐさま逃げるようにして外へ飛び出してしまった。たぶん、この高足の食膳は、いまでもお宅か、あるいはどこかに保管されているのではなかろうかと考えるが、果たしてどうであろうか。

とにかくこんな場面は、そのときただ一回きりであったが、いまの真柱様が、
「私宅はできるだけ小さくてよい。簡素なものでも、それで十分事は足りる」
とおっしゃって、現在の真柱宅をお建てなされたと当時聞いた。このことと思い合わせ、中山家の伝統ともいうべき質素なご生活と、いまの教内のいろんな事柄とを照合して、複雑な気持ちを私に起こさせる。

お道の実態からいうならば、真柱様のご生活はどれほど豪華なものであろうかと、世間の人たちは想像するかもしれないが、これも無理からぬことではあろうけれど

も、事実はまさにその反対なのである。「貧のどん底」約二十年の御ひながたをお残しくだされた教祖のご精神が直流しているからであろうが、教祖の思召を正しく、そして強く受け継いでおられる尊いその伝統こそ、質素な日常生活の主軸をなしているのである。

すべてのものを生かす

大正年間であったが、松山卜子（当時の天理養徳院長〈筆者のいとこ〉）がご母堂様（中山たまへ初代真柱様夫人）の九州ご巡教のお供をしたときのことである。ある教会に泊まった折、お脱ぎになったご母堂様の甚平（綿入りの袖なし着で、大和地方では冬季などに着用されているもの）を、ご接待の方がおたたみしようとした。するとご母堂様は、

「松山さん、その甚平はあんたがたたんでや」

とおっしゃって、教会の方にたたまさせなかったのである。ところが、その甚平は

なんと、裏地は小さい布片（ぬのぎれ）を丹念に継ぎ合わせて寄せ継ぎして拵（こしら）えてあったもので、これには一驚したと、松山から聞かせてもらったことがある。

「菜の葉一枚も、粗末にしてくれるな」

と教祖は仰せられて、人々をお導きくだされたとお聞かせいただいている。たとえ一枚の菜の葉にしても、親神のご守護で出来ている。言い換えると、一枚の菜の葉にも親神様のおはたらきの理がこもっているのである。その尊いお与え、自然の恵みをむざむざ捨て去るならば、それは天の理をも一緒に捨てることになる。

どんなものでも一切を「生かす」というところに、教祖のひながたの道があった。たとえ一枚の菜の葉でも、食べられるものなら洗ってでも食べるのが理を生かすことになる。これは、ひとり菜の葉だけの事柄でない。私たちの日常生活において、あらゆることに当てはまる問題である。

物といわず、人といわず、すべてのものを「生かす」ことに焦点をおくならば、お互いの生活のうえで自分の吐く言葉、現す行為もまた、おのずから異なるものがあるはずである。われわれの平素には、あまりにも多く、人を殺し、物を殺している理があるのではないか。相手の気持ちを考えず、相手の立場を顧みないで、わが身を中心に運ぶところに、ややともすると、知らずしらずのうちに相手の理を踏みにじり、押し殺している場合が案外に多い。

「反古（ほご）の紙でも、くしゃくしゃ丸めて、ほかしてしまえばそれきりのもの、手で皺（しわ）をのばし、火熨斗（ひのし）（いまのアイロンにあたる道具）の一つもかけたなら、ため紙（贈り物をもらった際に、その容器に入れて返す白紙）の一枚にでもなる」

と、教祖はお教えくだされたと聞く。このあらゆるものの理を生かすようお導きくだされた教祖によって、幼少のころから薫陶（くんとう）をお受け遊ばされたご母堂様ならばこそ、他から見れば、どれほど立派なお召し物かと思われるご衣類そのものにも、裏を返してみれば、捨てても惜しくないような小布（こぎれ）を継いでお拵えになっていたのである。

お道のおたすけも

結局「たすけ一条」も、この理に通ずるものでなかろうか。医者でもいかん、薬でもいかん、どうにもならぬ者でも、これをたすけ上げて、多少なりとも世の中のためになる者に更生せしめるところに、お道のたすけの道がある。

　医者の手余りを救(たす)けるが台と言う。（明治26・10・17）

　医者の手余り捨てもの救けるが、神のたすけという。（明治29・5・1）

とお諭しくだされてもいる。

　生かせるものならば、どないにでも更生の道を講じて生かしてゆくのが、親神様の思召であり、教祖のひながたに沿う私たちの歩みでなければならない。

「愛想尽かし、切り口上(こうじょう)は神は嫌い」

とお聞かせもいただいている。また、

「繋(つな)いでゆくのが道の精神である」

とも先人から教えられているが、みなこの一事に通ずるものでなかろうか。

意識して質素をてらうというのでは意味はない。また慳吝であれ、というのでもない。生かせるものならば十二分にそれを生かしてゆくことが、お互いの身についたならば、余分の贅沢は私たちの生活からなくなってゆくであろう。

もう着るもの無けにゃ、もう無うても構わん〳〵。美しい物着たいと思う心がころりと違う。（明治35・7・20）

と仰せくだされたお諭しもある。

自動車も結構である。テレビも結構である。電気洗濯機も、ステレオも、写真機も、何もかも文明の利器として結構である。みな親神様のお情けで頂いているものであるから、それの必要なときに、それをフルに使うのは天の理に叛きはしない。しかし「たすけ一条」というお互いの生活信条から外れた余計な事柄において、これを需めることは、程を越した贅沢に陥ってしまうことになろう。時代とともに生きることは私たちに必要であっても、この「時代」を誤りなく咀嚼することに軽率であってはならないのである。

第三章
教祖との思い出

いろいろの出来事

昭和四年六月二十日号

増井りん

ますい・りん

天保十四年、大阪府柏原市大県に生まれる。明治七年、胆石の患いと両眼失明をたすけられ入信。以来、雨の日も風の日もおぢば帰りを続けるとともに、にをいがけ・おたすけに奔走し、大縣大教会の礎を築く。教祖におてふりを直接教えていただくとともに、お守り役として、食事から身の周りの一切のお世話をつとめる。「針の芯」「息のさづけ」「肥のゆるし」など重い理を戴く。教祖が現身をかくされてのちは、本席のお守り役を務める。四十一年、本部員登用。女性ただ一人の本部員として、ぢば一条につとめきり、昭和十四年、九十七歳で出直し。

三十までは、とても命がもてまいと宣告せられていた私、特に今度は、全治不能の難症である「ソコヒ」を、手の裏を返すようにおたすけいただいた私は、もう嬉しい心でいっぱいになっていました。なんとかして、この厚い神様にご恩報じの道を通らしていただかねば相済まぬ。眼（め）がつぶれたときは親子四人で、たとえこの眼がたすけていただけなくとも、こうしてお話を聞かしていただいた限り、いんねん果たしのためなれば二本の杖（つえ）を頼りにしても、通り返しの道を通らしていただきまする、と深く神様に誓わしてもらったこの身なれば、その後はもはや家のことなどは構っていられませんでした。

家と子供三人は、雇い人に任しておきまして、私は河内（かわち）と大和（やまと）を往復することがだんだん繁（しげ）しくなってきました。

朝早く村を出たときは、その日の夕方に、夜、家を発（た）ったときは、夜通しかかって明くる日の朝、七里半の道を歩いて、おぢばに帰らしていただきました。しかし、こうした女の一人旅をする姿は、やがていろんな噂（うわさ）を生んできました。「なんぼ神様がありがたや、結構やとて、何も幼い子供や家を棄（す）てて神信心もないものや」とか、「どうやら増井の若後家に虫がついたらしい。定めし山の中で、よい男とでも一緒になっているのやろう」といった噂は、その後、私の耳にも入るようになってきました。けれども、私といたしましては「ああ、これも一つのいんねんの重荷を切っていただけたのや」と、深く心に喜びまして、相変わらず、村に近い五郎ケ峯峠や、ときには信貴山峠を越えては、ひそかに姿を消していました。

その当時（明治七、八年ごろ）もすでに教祖に対する迫害が、だんだんと激しくなってきたときでありまして、私はよく道中で「やあ、またクワンクワン（狐のこと）の所へ行くのじゃな」とか何とか言っては、冷やかされたり笑われたものであります。

その後しばらくして、神様から「日を定めて勤めるよう」とのお言葉を賜りましたので、十日交代で、つとめ場所に勤めさしていただくようになりました。

三銭の下駄

つとめ場所では、上田おいそ様と十日交代で勤めさしていただきました。教祖のお食事からお召し物の洗濯、これら一切がっさい下回りのお勤めをさしていただきましたが、十日間のお勤めが済みますると、今度は、おたすけやおにをいがけに出さしていただくのであります。

ずいぶんあちらこちらに出さしていただきました。おぢばの近傍は申すに及ばず、河内に帰りましたときは、南河内、和泉（いずみ）、堺（さかい）、大阪方面まで歩き回って夜遅く家に帰ります。途中でどうしても帰れないときは、木賃宿（きちんやど）を探して泊めていただくのでありますが、なにぶん、当時は今と違いまして、乗るに汽車なく電車のない時代でありますから、乗り物はみな履物の助けを借らねばなりません。それで私は、神様のお許しを頂きまして、一番安くて丈夫な三銭のハマ下駄を買わしていただきました。

毎月二十六日の朝、新しいのを三銭出すとくれますので、それをチビンように大事に履くのですが、これを一カ月もたすのが、ひと苦労であります。まず夜、おたすけから帰らしていただくと、寝（やす）ましていただく前にそれを脱いで、汗で真っ黒く汚れている下駄を溝のところへ持って行って、洗い清めてから、壁のところにもたらせておくのです。そうしておけば、明くる朝は大変美しくなっていますので、それを大事に履いて出さしていただきます。

しかし、どんな丈夫な下駄も一カ月間履き通しては、とてももちませんので、人の見ていられぬところを歩くときは、ソッと脱いでよく歩いたものです。裸足（はだし）歩きも春や秋は大変気持ちのよいものですが、夏や冬になると、そうでもありません。おかげさまで、慣れるということはえらいもので、いつの間にか私の足の裏は、暑さ寒さにこたえぬようにタコが出来てきましたので、ありがたく思った次第でありまする。

こんなふうで明け暮れ喜び勇んで、ただただ、ご恩報じといんねん果たしのために通らしていただきました。たすけさしていただく一方、果たす一方、その結果は神様のみ心にお任せする心、それは当時の人々の心を支配していた、心の立て前であったように思案さしていただきまする。

おほつごもりに五銭

それに前後して、おたすけさしていただいた周旋方（役員）や信徒の人々が、河内方面から帰ってくれました。それで、現在の詰所のようなものを拵える必要に迫られましたので、中川嘉平さんの西の隠居を拝借いたしまして、それに当てました。十畳余りの一部屋でありましたが、帰ってこられた人々は、そこで寝泊まりしていきました。

ある年の、おほつごもり（大晦日）の日も、私の手元にはわずか五銭しかなかったことがありましたが、それで正月の台所を切り回そうとするのですから、普通から考えたら、ちょっとした心細さや不足心が出るものでしょうが、しかしその当時は勇みに勇んだものです。河内の家に言ってやれば、驚いて充分持ってきてくれるのですが、それでは不足になる。不足心は堅く神様から戒められていましたので、どんな心細いときになっても、不自由を楽しんで通らしていただきました。

おてぶくぼ

私はよく、珍しいものを頂いたときや、ご馳走を頂きまするときは、必ず、これを側の人々にも分け合うて頂いてもらいます。それで家の者や孫などは、自分の好きなものが当たったときは黙っていまするが、そうでもないときは、面倒がって、何故おばちゃんはそんなことをするのかと尋ねます。すると私はいつも、教祖のお食事を遊ばしたときの物語りをいたして言うて聞かしまするると、みんな得心してくれます。

私は神様のお言葉、秀司先生のご下命によりまして、永らくの間、教祖のお守り役を仰せつかりましたが、その間、特に深く感じさしていただいたのに、この「おてぶくぼ」というのがあります。

それは、神様のご食膳に何か珍しいものを差し上げまするると、神様は、必ずご満足の後、お箸をお取り上げになってから、「てぶくぼ」と仰せられて、ご自身で相手の手の平にそれをお移しになって、共に喜びをお分かちになるのであります。二人居れば二人、三人居れば三人に、それぞれたくさんお移しになって、共にお喜びになるのであります。神様はいかなるときも、決してご自身だけでご満足なさることなく、皆と共に、お喜びをお分かちになりました。畏れ多いことであります。

教祖のご好物

教祖は何がお好き、何がお嫌いというようなことは、かつて仰せられたことがございませんでした。どんなお粗末なものを差し上げましたときでも、必ずご黙禱のうえ「おいしいな」と仰せられましたが、少々ご好物のごとく拝されたものに、飴と少量の味醂とがあります。味醂のほうは、ごく小さいお盃に二、三杯お召しになったように記憶いたします。それで私は河内に帰ったときは、途中で飴と味醂とを買ってきて差し上げるのが楽しみでした。

なお、お召し上がりにならなかったものに牛肉と鶏肉等があります。ある日も、信徒の方で大きな山鳥を教祖に差し上げたことがありますが、そのとき教祖は、山鳥の背（せな）を、さもあわれげにお撫（な）でになってから「こんな目に逢（お）うたのやなあ、かわいそうに、今度は鳥に生まれずに、他のものに生まれておいで」と仰せられてから、下におさげになりました。お慈悲、禽獣（きんじゅう）に及んでいたのであります。

ただお召し上がりのときのお茶碗（ちゃわん）は、かなり大きい「どうくろ」のお茶碗をご使用でございました。これは「おてぶくぼ」のとき、小さいのではみんなに行き渡りませんので、大きいのをお用い遊ばしたのであろうと拝察いたしています。

聞かせていただいたままに

『よのもと』第二号（昭和六年二月号）

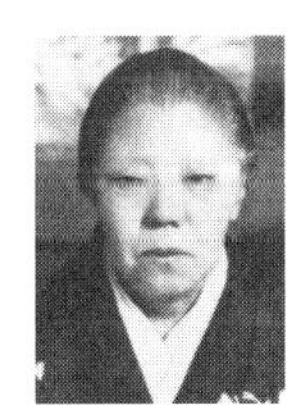

ながお・よしえ

慶応二年、本席・飯降伊蔵氏の長女として天理市櫟本町に生まれる。明治十年、十二歳のときから三年間、教祖から直々に三味線を教えていただき、十三年の初めて鳴物をそろえてのおつとめや、十六年の雨乞いづとめ、二十年陰暦正月二十六日のおつとめでは三味線をつとめる。十五年、教祖の仰せで家族と共にお屋敷に住み込む。二十一年、天理市園原町の上田楢治郎氏と結婚し、永尾家をたてる。小さいころから教祖の側で仕込まれ、衣食住においても、物の大切さをいつも人に説き、自分もかたく守り通す。昭和十一年、七十一歳で出直し。

教祖のお言葉が胸に

私が子供のころ、教祖は親しく次のようなお話を聞かせてくださったことがございます。

「わが身のことは一せつ思うな。わが身どうなっても構わぬ、人に喜ばすよう、人を大切にするような心にならなければいかんで。着物は箪笥の抽斗へ一枚でも余計に入れておくようなことはいかんで。旬々のものさえあればそれでよい。旬々に着るものなければ、袷を単物、単物を袷にして通るような心にならなければいかんで」と仰せくださいました。

子供のことでありますから、別に何の深い感じもなく、ただ「はい」とお答えしただけでございます。いまから考えてみますと、女は着物をあるが上にも欲しがるもので、いろいろ着飾りたいのが普通でしょうけれども、そうした世界並みに流れないように、私の将来をお戒めくだされたものと悟らせていただくのでございます。

娘持つ親の常といたしまして、私が大きく成長させていただくのを見て、私の母も着物の心配をしてくれました。呉服屋さんが回ってくるたびごとに、私の母は、どれを買うてやろうかと、いろいろよさそうな反物をさがしてくれたものでありますが、私は妙にどんな着物もほしくなりませんでした。これは幼時、「庄屋敷の神様」すなわち教祖から聞かせていただいたお言葉が、胸にあったからでございましょう。いつも着物はいらんと、すげなく断りを言うておりました。

お屋敷で暮らす心

両親に連れられて五人の家族がお屋敷へ寄せていただいたのは、明治十五年の旧二月八日でございまして、私の十七歳の年でございました。ご承知の通り、その年の秋には大節がありまして、警察のほうから人を寄せてはならんという厳しい取り締まりがございました。当時のお屋敷は間狭であるばかりでなく、まことに寂しいもので、生活の余裕というてもさらにない窮困時代でございました。

私は十七歳になっておりましたが、丸身の着物は一枚もないような始末でありまして、松恵様（秀司様夫人）のお出直しに際し、形見分けに銘仙と木綿の袷を二枚頂戴したのが丸身のはじめでございました。当時、私の母は私のみすぼらしい姿を見て、「着物を拵えてやろうと言うたときに、拵えておけばできたものを。いまはどうしようこうしようと思うても、できんやないか」と、私に小言を言うたこともございました。別に私が何とも思わないにしても、親の目から見れば、どんな気がしたであろうかと考えるのでございます。

明治十六年旧十二月のはじめ、私の母は身上を頂いて十五日ごろから寝床ずまいをいたしました。心では十分な世話をしたいのはやまやまでありましたが、赤貧洗うような時代でありましたから、どうすることもできませんでした。

床について三日目に、母が小二階の下に休んでいるところへ父が参りまして、枕辺に座って、「お里、神様のお言葉をもらってやるから、神様のお言葉をまもらにゃいかんで」と申しまして、扇の伺いをしてくれたのでございます。そのとき、神様は「さあ〳〵日々の子供を難儀さす、不自由さす、可哀相で見ておられん。こんなんやったら櫟本から来なければよかった。櫟本に居りさえすれば子供に難儀も苦労もさすことといらんのに、櫟本に居りゃ大工職こそしておれ、田地持ちでいうたら二町や三町の田地持ちの得があるのに、こんなんやったら来なければよかった。

……日々に子のことはすっきり忘れてしまえ、何も夢にも子のことは思わぬ。先になったら難儀したい、不自由したいと言うても、神様難儀ささんで不自由ささんで」と仰せくだされたのでございます。

神様がお退きになってから、母は「ただいま神様のお言葉通りの心を持っておりましたが、神様の仰せられるように、子供のことをすっきり忘れてしまいます」とお詫び申しました。すると父が、「お里、そんなこと分かってある。乗り込んだ限り、俺は日々目ふさいで通っている。日々考えておったら通られん。さんげせい」と話しておったことを覚えております。

夜分のことですから、私は母の介抱を兼ねて静かに聞いておりましたが、父の心や母の気持ちが十分に分からなかったのを、ただいま思い出すにつけても申し訳のないことと存じます。おかげさまで、母は三日目にすっきりご守護を頂いて床をはなれ、炊事なんかの手伝いをさせていただけるようになったのでございます。

父の身上を通して

それから数年を経て、明治二十年旧二月十七日から、父が御本席とならせていただくについて、父の身上が今か後かのような重体に陥ることが再三ございました。忘れもいたしません、同月の二十三日の晩、仲田のおかじさんがお越しくだされたので、しばらく留守を頼んで、父には隣のさんぞうさんのところへお風呂をもらいに行くというて、母が私を連れて家を出たのであります。お風呂に入れてもらうというのは口実でありまして、母が私を連れ出しましたのは、私に「物乞いになる」決心をさせるためでございました。

「父もあんなに身上がせまっているから、今日中にもむつかしいやろう。神様でもなくなられたことを思えば、明朝まで一晩保とうまい。もしかの場合には、晩のうちに頭光寺へ親子四人で葬って、葬祭を済ませたその足で、河内の方面へ物乞いに行こう。櫟本へは二度と帰れないから、河内へ四人そろうて物乞いに出かける精神になってくれないか」と母から頼まれたのでございます。――なぜ二度と櫟本へ帰れないと言うたかと申しますれば、次のような事情があったのでございます。これより先、お道一条の精神を定めて櫟本からお屋敷へ越してまいりますとき、近所の人たちからいろいろなだめられ、「物乞いする覚悟があれば行きなさい。あんなところへ行って何が見込みがありますか」と止められましたが、そのなかを押し切って参ったからでございます。――もちろん、私は母の説に快く承知いたしましたので、すぐ父のところへ戻りました。

いま、当時の母の心を察しますと、どんなにか悲壮な決心であっただろうかと、涙ぐましい気持ちがいたします。こうした事どもはなかなか忘れられないもので、年限経つにつれて教祖は申すに及ばず、両親の苦労なすったことが、はっきり感じさせていただくようになりました。

どんな苦しいときでも

神様のお言葉に「年限のうちは、どんな道も通らにゃならん、通さにゃならん」、

また、

事情は修理肥と言うて置こう。これ分からねば風の便りに伝えて居るも同じ事、ほんにあれだけ尽せばこうのう無くばならん。……尽したゞけは、何処からなりと出て来る程に。さあ尽し損にならんで。（明治32・4・13）

と仰せられてありますが、大正二年一月二十七日から数年の間、ちょっとしたことがもとで、言うに言えない、泣くに泣けないような事情が起こったことがございます。これは私の一生を通じて最も苦しかった道中であろうと思います。

こうした苦しいどん底にあって思い出すのは、教祖の御道すがら、また、そのお言葉でございます。「日々麦御飯にトミソガラ（醤油の実）を食べて暮らしておっても、人様につきあうときには鯛の焼き物で日々食べて暮らしているような顔つきで、人を大切にせにゃいかんで」と聞かせていただいておりますので、自分がどんな苦しい道を通っておりましても、日々の生活に困窮しておりましても、できるだけ人様に満足を与えようと努めることができました。こうして自分自身が苦労の道を実際に通らしていただきますと、教祖や親たちの御苦労くだされたことが、一層心の底に沁み通るように感ずるのでございます。

思い出の一端

昭和四年四月二十日号

山澤ひさ

やまざわ・ひさ

文久三年、梶本惣治郎氏と教祖の三女はる夫妻の次女として天理市櫟本町に生まれる。明治十三年ごろからお屋敷に引き寄せられ、教祖の側近くにつかえて本教草創期の苦難を共にする。十九年の教祖最後の御苦労のときも、教祖に付き添い櫟本分署で過ごす。二十年、山澤為造氏と結婚。二十四年、「水のさづけ」「てをどりのさづけ」を戴く。四十三年、天理教婦人会創設に当たって理事拝命。晩年は存命の教祖の側で過ごすのが何よりの楽しみで、教祖殿の御用を休むことなくつとめる。昭和七年、七十歳で出直し。

教祖に御苦労をかけないように

私がお屋敷に始終寄せていただくようになりましたのは、十七歳ごろからだったと記憶いたします。なんでもその当時は、伯父様（秀司様）がご身上だったので、そのご看護かたがた家事のお手伝いをさせていただいておりました。

その後、明治十四年の四月に伯父様がお幽(かく)れになりましてからも、ずっと引き続いてお屋敷でご厄介になり、主として教祖のお付き添いをさせていただくことができました。

ちょうどその最初は、教祖がなお『おふでさき』をお書きになっているころでありましたが、教祖は昼間はもちろん夜分でも、神様のお知らせさえあればいつでも筆をお執りになりました。そうしてお書き終わりになると「いま、神様がこんなことを書けとおっしゃったのやで。それについて分からんところがあったら尋ねや。教えてやるほどに」と、よくおっしゃってくださいました。しかし、当時は警察の見張りが厳しくて、禁圧の証拠となると思えば手当たり次第に没収して帰って、干渉の種にしようといたしますので、お歌の意味をお聞きしたり、お教えいただいたりすることよりも、これも没収されはしないかしらということが一番の心配で、お書きくださったものを一通り読ませていただきますと、すぐに隠してしまおう、隠してしまおうとばかり考えておりました。いまから思いますと、「あのとき、お歌の意味を十分お聞かせ願っておいたらよかった」と残念でなりません。が、いまさら致し方ございません。

かようにして警察の見張り干渉が、ますます甚だしくなりましたが、それがために、その後、教祖は明治十六年には丹波市の警察署に御苦労くだされ、また明治十七年には、二度までも奈良の監獄に御苦労くだされたこともございます。

しかし、一方において燃え立った人々の信仰は、この教祖の御苦労のほどを見聞きするにつれて、だんだん強く大きくなり、「一度は一度のにをいがけやで」と仰せられた通り、そのご帰宅のたびごとにお出迎えの人数が増してゆくばかりでありました。そこで警察のほうでも、意地にも人々の信仰をやめさそうとして、今度はお屋敷の門の所で立ち番をして人々の参拝するのを監視したり、こっそり信徒さんに化け込んでお屋敷の様子を探ったりしました。けれども熱心な信徒さんたちは、そんなことくらいで辟易はされません。立ち番の巡査の隙を見ては、壁を越えて参拝をされる方もだいぶんあったのであります。しかし、それが知れますと、結局は何の罪科のない教祖に迸りが飛んで、教祖にご迷惑をおかけしなければならないので、皆様方が非常に心を悩まされました。「参拝お断り」の張り紙をされたのも、そのためであります。

教祖最後の御苦労

ちょうど明治十九年の陰暦正月十五日のことでありました。心勇講の一団の方々が、だいぶんたくさん揃っておぢばに参拝しに来られました。ところが、先ほども申し上げますように、警察の干渉が甚だしく、それがために、また教祖に御苦労をおかけ申しては畏れ多いので、前管長様（初代真柱様）は、これをお断りになりました。しかし、勇みに勇んでわざわざ遠い所をお帰りになった信徒さんたちは、それくらいでおめおめと諦めて往のうとはされません。結局、みな打ち連れて、豆腐屋旅館（村田長平宅）に集まって、十二下りのおつとめをされた。

それを聞き知った巡査は、すぐに飛んでいって、そこに集まられた信徒さんたちに解散を命じました。ちょうどそのときは、十二下りもほとんど終わっていたそうでありまして、とにかく一同の方々は、それぞれやむなく家路に就かれたのであります。

ところが巡査は、それでもまだ飽き足らなかったと見えまして、早速その足でお屋敷にやって来ました。そして、すぐにお屋敷の門を閉めてしまい、勢いすさまじく教祖のお部屋に闖入いたしまして、そこここ探索の末、お近くにあった赤衣のお守りなどを没収いたしました。なお、それのみならず、とうとう教祖を櫟本の警察署に引致することになったのであります。

そこで私は、その場にありました座布団三枚を脇にかかえ、教祖と一緒に相乗り車に乗せていただいて、櫟本にお供をさせていただくことになりました。

なお当日、巡査が来られましたとき、つとめ場所に仲田儀三郎さんと桝井伊三郎さんのお二人がおられましたが、このお二人も調べる筋があるというので、同じく櫟本までご苦労くださることになりました。さらに、後から引き続いて、前管長様も引致されておいでになりました。

櫟本警察署にて

さて、その夜は警察官のほうから、教祖と前管長様に向かって「赤衣」についての尋問があり、さらに「お守り」についての尋問がありました。教祖は、それに対していろいろとお答えになりましたが、要するに、神様の思召によって赤衣を着ていること、またその赤衣からお守りを拵えていることなどを懇々とお話しになりました。すると前管長様は、「それは皆、私がことさらに赤衣を着ていただきて、かつ、その赤衣から私が勝手にお守りを作って、信徒さんたちに分けております」とお答えになりまして、教祖になるべく罪のかからないようにと心をお配りくださいました。

また仲田さんなり、桝井さんには「なぜあんな所へお参りしているのか。おまえたちも、おばあさんと一緒になって人々を惑わしているのだろう」というようなことを尋ねたそうであります。

そうして、とうとうその夜に引致した者に対して一通りの尋問が済みましたが、そのまま前管長様は尋問場で、それから教祖は受付の板の間、仲田さんと桝井さんは裏の牢屋（ろうや）の中で夜を明かされたのであります。

翌日になって、警察官は「結局おばあさんが悪い。おまえはおばあさんを庇（かば）うつもりなんだろうが、そうは行かない。おまえは帰れ」とのことで、やむなく前管長様はお帰りになりましたが、教祖へは帰宅を許してくれません。また、仲田さんと桝井さんは「あれだけ参拝を止めているのにシブトイやつだ」というので、やはり帰宅を許しませんでした。私は教祖が八十九歳のお年を召しておられることとて、前管長様のお言葉でお供をさせていただいたのでありますが、翌日になって「警察に小使いがいて、いろんな用事はするからおまえは帰れ」と言って叱（しか）られましたが、無理にお願いして、とうとう付き添いを許されました。

それから二、三日の間、警察官は時々、教祖を尋問場へ呼び出しては、難しいことを言って教祖を苦しめようといたしましたが、教祖はそのたびごとに静かに一々お答えになりました。そうして尋問のあいだあいだには、奈良の裁判所（？）に電話をかけて、何かしら相談しているようでありましたが、電話室は受付のすぐ隣の事務室にありましたためか、電話をかけるたびごとに私にしばらく外に出ておれと申しますので、その相談の内容はよく分かりません。たぶん教祖の尋問の結果についての相談だったろうと思います。

櫟本警察署には当時、内勤外勤合わせて七人の巡査がおられたようですが、署長さんは岩脇（いわわき）とおっしゃる方で、巡査部長は北山（きたやま）とおっしゃる方だったと記憶いたします。なお巡査には金屋（かなや）、小林（こばやし）、山崎（やまざき）というような方々がおられました。同じ巡査でも小林さんや山崎さんは怖い人でしたが、金屋さんは優しい人でした。この金屋さんは夜分など見回って来られても、外から見えてはいけないからというので、ランプに紙を貼ってくれたりされましたが、この人は、のちに巡査を辞めて、神戸のある会社員となられたそうであります。しかし、この金屋さんがせっかく親切に気をつけてくれましても、他の巡査が回ってきますと、またじきに、元通りにその紙を剝(は)いでしまわれました。

それはとにかくといたしまして、私はあるとき、北山部長さんに向かって「何も悪い事していませんのに、いつまでここにいまんのか」と聞きました。すると北山部長さんは、「おばあさんはお守りで人を惑わしたから、百日くらいも留(と)めておくかわからん」と、つっけんどんに申されました。そこで私も少し腹が立ちましたものですから、「若い女やと思うて馬鹿にしていなはんのか」と申しましたところ、「いや、じきに分かるさかいに、そう怒るな」とうるさそうな返事をし、また、「嫁入りもしていないのに、若いなりしてこんな所へ来て恥と思わぬか。嫁(かた)づくのに妨げにならないか」などと、さんざん嫌(いや)がらせを言って出ていきました。

警察署での教祖

これから、教祖が警察署においで中のお話を、思い出したままに二、三申し上げさせていただきましょう。

教祖は最初、赤衣をお召しになったまま御苦労くだされましたが、警察官が、外から目立つから黒い着物を着よと申して聞きませんので、これを機として早速、宅に頼んで黒紋付の綿入れ着物を拵(こしら)えていただきました。他の差し入れは一切許してくれませんでしたが、この着物だけは許してくれました。教祖は、昼間はこの着物を赤衣の上にお召しになりましたが、夜分お寝(やす)みのときは、これを脱いで上布団としてお被(かぶ)りくだされ、下敷きには、私が家を出るとき抱えてまいりましたうちの二枚の座布団を継いだ上に、やっと横におなりくだされました。そして枕としては、教祖のコップリ下駄に、畏(おそ)れ多いことながら私の帯を巻いたものしかございませんでした。

旧正月と申せば、ちょうど寒中のことで、殊(こと)にその冬は雪がだいぶん降っておりまして、寒いこと全くこの上もありませんでした。それに警察署のことですから、硝子戸の隙間から身に沁みるような風が吹いてまいります。こんななかで教祖は、防寒具として何一つの差し入れも許されずに、ご辛抱なしくだされたのであります。

なお、食べ物とても、もちろん身体を温めるようなものはなく、日に三度、粗末な弁当を出してくれるだけでありましたが、教祖はそんな不浄なものには、少しもお手をお付けになりませんでした。幸い、私は付き添いのこととて、警察から弁当をくれませんので、最初の三日間ほどは梶本の実家に食べに帰らせてもらっておりましたが、あるときハッタイ粉の御供を懐に入れていって、これを湯飲みに入れて水と一緒に召し上がっていただこうと思いましたが、とうとう巡査に見つけられてひどく叱られました。

その後は私も食事をしに出ることは禁じられることになりましたが、その代わりに弁当と湯飲みとお湯（鉄瓶に入れたもの）とを毎日、梶本のほうにと運んできて差し入れてもらうことができました。そこでまた、なるべく柔らかに炊いたものを入れてもらって、これと教祖の弁当とを取り替えようとしましたが、それはもちろん巡査が許してくれませんでした。こんな都合で結局、教祖はお湯を少しばかり、お飲みになるだけでお過ごしくだされたのであります。いかに神様のお身体とは申せ、なんともったいないことではありませんか。

この間、熱心な信徒の方々はご心配なしくだされて、時々、様子を窺(うかが)いに警察署の門口まで来ていてくだされたようであります。なかにも清水(しみず)さん、増野(ますの)さん、梅谷(うめたに)さん、米田(よねだ)さん（船場(せんば)）などは、ずっと梶本のほうでお泊まりになり、お湯や弁当を運んでくだされ、また夜昼となく始終、陰から教祖にご警護くだされておりました。

また、私の弁当の中にはいつも鉛筆と紙切れとを入れておいてくだされましたので、その紙切れにその日その日の警察署内における教祖のご様子を書いて、空の弁当箱に入れてお知らせすることができました。もちろん、尾籠(びろう)なお話で恐れ入りますが、大抵便所に入って書きましたので、幸い巡査には知れませんでした。

かようにして、教祖は日々寒いなかをもお厭いなく、ひもじいなかをも構わず、お通りくだされたのでありますが、その間でも常に世界一列たすけの神様の大使命をお忘れにはならなかったのであります。

あるときは、こんなこともありました。お言葉ははっきりと覚えていませんが、教祖はお寝みになっておられた様子でしたが、突然「この所へ誰が連れて来たと思てるか。神が連れて来たのや。毛虫や棘々（イライラ虫のことだろうと思います）怖がったらいかん。……一節一節芽が出るのやで」と仰せられました。すると、ちょうど見番をしておられた小林巡査が、私に「これこれ娘々、その婆を起こせ」と申しますので、私は「おばあさん、おばあさん」と言って教祖をお呼び申しました。しかし教祖はなおも「この所におばあさんは居ない。天の将軍や」と仰せられましたので、とうとう小林巡査は教祖を尋問場に連れていって、そこの板の間に座布団も敷かさず、教祖を朝まで座らしたこともあります。あまりと言えば、あまりな目にあわせますが、警察のほうでは、こんなにして苦しめたら懲りて信仰をやめるかと考えたことであろうと存じます。しかし、教祖は警察署におられても自家（うち）におられても少しのお変わりもなく、ひたすら神様の大使命をお忘れにならなかったのであります。

ついでですから申し上げておきますが、このとき、岩脇署長が教祖を井戸端に連れていって、そこの水をぶっかけたということを申して、その井戸に由来（ゆかり）を付けている向きも聞きますが、少なくとも私の記憶しておりますところでは、そんなことはなかったようであります。また、教祖は梶本から運んでくださった湯は少々召し上がりましたが、警察の水は一滴も口にされなかったように記憶いたします。

それはとにかくといたしまして、なお教祖が警察署におられても自家におられても、少しのお変わりもなかったということについては、引致された翌朝、お日様がお昇りになっているのにランプの火が灯（とも）してあるのを見て、これをお消しになったことや、またはあるとき、赤幕を張った卸（おろし）なみのお菓子売りの通るのを硝子越しにご覧になって、その菓子を買い求めて警察の方々の退屈を犒（ねぎら）おうとされたことなどありますが、これは大抵の方がご承知ですから詳しく申し上げることは省かせていただきます。

世界をろくぢに踏みならすため

さて、いよいよ帰宅を許されることになりましたが、幸い、櫟本に梶本の家がありましたので、そこに立ち寄って休憩のうえにしようと考えましたが、これは許してくれず、やむなく警察署から、すぐにお屋敷にお帰りくださることになりました。

そのときも出迎えの方はだいぶん来ていてくだされましたが、警察署からは四人の巡査が付いてまいりまして、お屋敷の門の内へは、これらの人々を入れませんでした。

その後も警察の干渉は相変わらず厳しくって、教祖は申すに及ばず、前管長様をはじめ大勢の信徒さん方も、ひとかたならん御苦労をお舐めくだされたのでございますが、ご承知のように教祖は「一列の子供可愛いうえから、親の命を二十五年縮めて」「世界をろくぢに踏みならすため」に、とうとう現身をおかくし遊ばされたのでございます。

教祖がお姿をおかくし遊ばされた当時の人々の失望落胆は、いかばかりだったことか、いまさら思い出すも涙の種であります。しかもなお、その翌年の一年祭の当時におきましても、警察が靴履きのままで上がってまいりまして、祭典を中止させたのでございます。そのときの人々の嗟嘆はいかばかりだったでしょう。お姿をおかくし遊ばされても相変わらず、眼に見えない教祖の御霊だけでもお慰め申し上げて満足していただこうと思った人々の心持ちも、祭典中止の乱暴な仕打ちによって、散々蹂躙されたのであります。

しかし、熱心な先生方および信徒さんたちは、これによって意気が沮喪するどころか、かえってさらに勇気をお出しくだされ、いろいろとお骨折りの結果、お道はだんだんと広がってまいりました。また一方、天理教会が設けられ、さらに一派独立ということにまでなったのでございます。

教祖のご理想の実現

誠に、ただいまのお道は結構になりました。教祖のご予言通りに、元はお道の邪魔をしていた巡査も、いまでは反対に保護をしてくれるようになり、また日本のみならず諸外国にまでもお道が広まってきたのでございます。なんと教祖のご遺徳は絶大なものではありませんか。

それにつけても、いま教祖がおいでになって、このありさまをご覧くだされたら、どれほどご満足くださるだろうかと思いますと、私の胸はいっぱいになります。教祖のご一生は、私たち一れつ子供が可愛いうえから尊い受難の道すがらを喜び勇んでお通りくだされ、いまなお眼に見えない魂のうえで始終、私たち子供の幸せをお守りくだされているのでございますが、私たちといたしましては、教祖のご在世中に十分のご満足もしていただけなかったことが何よりの残念でなりません。子供は大きくなったら、その親の恩を知り、親の生前に孝行しなかったことを悔いると申しますが、私たちはいまの結構を見せていただくにつれて、教祖の御苦労の種が一層深く思い出され、なぜもっともっと教祖に孝行しなかったのかと、お詫（わ）びを申すよりほかございません。

しかし、こんな悔やみごとをいくら申しておりましても、いまさら致し方ございません。せめて眼に見えない教祖に喜んでいただくようにしなければならないと存じます。櫟本の警察署に行ったときなどは「自家（うち）に帰ったら煎餅（せんべい）布団一枚で柏（かしわ）になって寝ましてもらっても結構だ」と思ったことが幾たびあったかしれません。また、いまから考えれば、あれだけ睡眠不足が続いて、よくも辛抱できたものだと不思議でなりません。もちろんそれには神様が結構にご守護していてくださったのには相違ありませんが、それにつけても人というものは勝手なものだと、しみじみ思わせていただきます。

教祖は八十九歳のお年にもかかわらず、若い者も及ばない御苦労をなしくだされたのであります。そこで私たちは、いくら年を取っても、できるだけのことはさせていただかねばならないと存じますが、それでもやはり年を取ったせいか、私は、どうかすると気まま勝手な思案が出ては、本当に教祖に対して申し訳ない次第だとお詫びいたしております。

それにつけても、多くの熱心な方々が一生懸命に働いてくださる結果によって道はますます大きくなり、教祖のご理想が着々と実現されつつあるのは、誠に嬉(うれ)しい次第であります。殊に、またこの四月二十七日は天理教婦人会の二十周年記念のため、たくさんの方々が教祖のお膝元(ひざもと)にお帰りくださるのを見せていただけるのでありますが、私はもうもう嬉しくって嬉しくってたまりません。

なお、このうえともに、全天理教の信徒さんたちが一手一つのひながたの道に心を寄せて、ますます世界一れつ兄弟のためにお尽くしくださるよう、こいねがってやまない次第であります。神様のお言葉に、

もうこれだけ成ったら〳〵、大丈夫という心は違う。　（明治34・3・7）

と仰せられていますが、「世界隅から隅まで天理王命の名を流す」との教祖の大理

想から申せば、まだまだ私たちは気を許すわけにはまいりません。では、どうか皆様、よろしくご自重のほどお願いいたします。

●参考年表

西暦	年号	教祖年齢	教祖の主なご事跡
1798	寛政10	1	4月18日、教祖、大和国山辺郡西三昧田村にご誕生。
1804	文化1	7	父から読み書きの手ほどきを受けられる。
1806	3	9	このころから寺子屋に通われる（11歳まで）。
1809	6	12	機織り、裁縫も一人前に上達。このころ和讃を暗誦、尼を志望される。
1810	7	13	9月15日、庄屋敷村、中山家にご入嫁。夫・善兵衛23歳。
1811	8	14	正月、初めて里帰り。
1813	10	16	姑きぬから所帯を任される。
1816	13	19	3月15日、勾田村善福寺で五重相伝を受けられる。 女衆かのが毒害を企てたのは、この前後と伝えられる。
1820	文政3	23	6月11日、舅・善右衛門出直し（62歳）。
1821	4	24	7月24日、長男・善右衛門（のちの秀司）出生。
1823	6	26	怠け者改心の件、女物乞いの件、米盗人の件は、この前後の出来事と伝えられる。
1825	8	28	4月8日、長女まさ出生。
1827	10	30	9月9日、次女やす出生。
1828	11	31	4月8日、姑きぬ出直し。 隣家の子の黒疱瘡を神仏に祈願してたすけられる。

1830	天保1	33	次女やす出直し（4歳）。
1831	2	34	9月21日、三女きみ（のちの、はる）出生。
1832	3	35	このころ、夫・善兵衛、庄屋役を務める。
1833	4	36	11月7日、四女つね出生。
1835	6	38	四女つね出直し（3歳）。
1837	8	40	10月26日、秀司、畑仕事中に突然の足痛。長滝村の修験者・中野市兵衛に祈禱依頼。 12月15日、五女こかん出生。
1838	9	41	10月23日夜四ツ刻（午後10時）、秀司の足痛、善兵衛の眼痛、教祖の腰痛。夜明けを待ち祈禱。教祖が加持台となり、親神の顕現。 10月26日朝五ツ刻（午前8時）、教祖「月日のやしろ」に定まられる（立教）。 立教後三年ほど、しばしば内蔵にこもられたと伝えられる。
1840	11	43	この前後、「貧に落ち切れ」の神命により、嫁入りの荷物を手はじめに家財道具などを施される。
1841	12	44	をびやためしにかかられる。
1842	13	45	この前後、「この家形取り払え」の神命があり、屋根の瓦をおろし、高塀を取り払う。村人、役友達、親族不付き合いとなる。 幾度か池や井戸に身を投げようとされたと伝えられる。

1848	嘉永1	51	このころ、神命によりお針子をとり、裁縫を教えられ、秀司は村の子に読み書きを教えられる。
1852	5	55	三女きみ、櫟本村の梶本惣治郎に嫁ぐ（はると改名）。
1853	6	56	2月22日、夫・善兵衛出直し（66歳）。 中山家の母屋取りこぼち。 こかん、浪速・道頓堀に神名を流す。 長女まさ、このころ豊田村・福井治助に嫁ぐ。
1854	安政1	57	（嘉永7年）をびや許しの始め（三女はるに、内からのためし。11月5日の出産当日、大地震にもかかわらず安産）。
1855	2	58	残った田地3町歩余を年切質に入れる。さらに10年間、貧のどん底の道を通られる。
1857	4	60	信者が初めて米4合を持ってお礼参り。
1858	5	61	清水惣助の妻ゆきにをびや許し（翌年、再度のをびや許し）。
1861	文久1	64	このころ、櫟枝村の西田伊三郎入信。
1862	2	65	安堵村へ産後の患いのおたすけに赴かれる。 このころ、前栽村の村田幸右衛門入信。
1863	3	66	このころ、「講を結べ」と仰せられる。 安堵村の飯田岩治郎のおたすけに赴かれる。 豊田村の仲田儀三郎、辻忠作入信。

西暦	年号	年齢	事項
1864	元治1	67	（文久4年）1月中旬、安堵村の飯田宅へ赴かれ40日間ご逗留。近村からたすけを願う人続々来る。 春ごろから、扇・御幣・肥のさづけを渡される。 9月13日、つとめ場所のちょんの始め。 10月26日、つとめ場所棟上げ。翌27日、大和神社のふし起こる。 この年、並松村の医者・古川文吾、奈良金剛院の山伏らを伴い論難に来る。 大豆越村の山中忠七、新泉村の山澤良治郎、大西村の上田平治、永原村の岡本重治郎、櫟本村の飯降伊蔵、伊豆七条村の桝井伊三郎、法貴寺村の前川喜三郎入信。
1865	慶応1	68	6月、田村法林寺、田井庄村光蓮寺の僧侶らが弁難に来る。 このころ、大和一国神官取締・守屋筑前守、教祖と面談し公許を勧める。 8月19日、大豆越村の山中宅へ赴かれる（25日まで）。 9月20日ごろから30日間の断食の後、助造の妄説を説得に針ケ別所へ。
1866	2	69	「あしきはらひたすけたまへ　てんりわうのみこと」の歌と手振りを教えられる。 5月7日、梶本家の三男として眞之亮（初代真柱）出生。 秋ごろ、小泉村不動院の山伏が論難に来て乱暴。
1867	3	70	みかぐらうた十二下りの歌（正月～8月）と手振り（以後3カ年）を教えられる。 秀司、京都・吉田神祇管領に公認出願。7月23日認可。

1868	慶応4	71	3月7日、大豆越村の山中宅へ赴かれる（10日まで）。 3月28日、てをどり稽古中、村民乱暴。
1869	明治2	72	おふでさき第一号（正月）、第二号（3月）ご執筆。 4月末から38日間の断食。 この年、秀司（49歳）、小東まつゑ（19歳）と結婚。 このころすでに、はったい粉を御供として渡される。
1870	3	73	この年、「ちよとはなし」および「よろづよ八首」を教えられる。
1872	5	75	6月ごろから75日間の断食。この間、若井村の松尾宅へ赴かれる。 6月18日、梶本はる出直し（42歳）。 9月ごろから、「別火別鍋」と仰せられる。
1873	6	76	飯降伊蔵に命じてかんろだいの雛型を作成。 5月26日、秀司、庄屋敷村戸長となる。
1874	7	77	6月18日（陰暦5月5日）、前川宅にかぐら面を受け取りに赴かれる。 陰暦10月、仲田と松尾に命じて大和神社へ赴かせ神祇問答。翌日、石上神宮神職が論難に来る。数日後、丹波市分署より警官出張、つとめ場所の神具を没収し村総代に預ける。 12月23日、奈良県庁からの呼び出しに応じ、5人を伴い山村御殿（円照寺）へ赴かれ、社寺掛の取り調べを受けられる。

西暦	明治	年齢	事項
			12月26日、赤衣（あかき）を召される。同日、仲田、松尾、辻、桝井にさづけを渡される。
1875	8	78	6月29日（陰暦5月26日）、ぢば定め。 9月24日、奈良県庁から教祖、秀司に呼出状。翌日、教祖、まさ、辻出頭、留置。 9月27日、こかん出直し（39歳）。 9月、中南の門屋が竣工し、移り住まわれる。 この年、「いちれつすますかんろだい」の歌と手振り、をびやづとめなど11通りのつとめの手を教えられる。
1876	9	79	この年の中ごろ、秀司、信者参拝の便法として堺県から風呂屋と宿屋の営業許可を受ける。
1877	10	80	年初から、三曲の女鳴物を教えられる。 2月5日、たまへ（秀司の長女）出生（教祖おふでさきで予言）。 5月21日、奈良警察署から秀司に召喚状。40日間拘留のうえ罰金（御供中に薬物混入の嫌疑のため）。
1878	11	81	真明講結成（講元は秀司）。 このころ、はったい粉に代えて金米糖を御供とされる。
1879	12	82	陰暦2月、上田ナライトをもらい受けられる。 6月、増井りん、教祖のお守役となる。 このころ村民、参拝者多数のため迷惑と、苦情や乱暴。

1880	明治13	83	秀司、参拝者の便法として金剛山地福寺真言教会に交渉し転輪王講社結成。9月22日、転輪王講社の開筵式。30日（陰暦8月26日）、初めて鳴物をそろえておつとめ。 この年、眞之亮（15歳）がお屋敷へ移り住む（14年、入籍）。内蔵（乾蔵）落成。
1881	14	84	4月8日、秀司出直し（61歳）。 5月5日、滝本村の山でかんろだいの石見。5月上旬、かんろだいの石出しひのきしん。 9月下旬、かんろだい2段までできる。 10月7日、人を集めたかどで教祖ら拘引、科料。
1882	15	85	3月26日、飯降伊蔵一家がお屋敷に移り住む。 5月12日、かんろだいの石、教祖の赤衣など、警察に没収される。同時に、みかぐらうたの一部改まる（「いちれつすまして」など）。 9月22日、眞之亮（17歳）、中山家の家督を相続。 10月12～26日、毎日おつとめが勤められる。 10月、教祖、山澤良治郎ら召喚。29日出頭、教祖12日間、ほかは10日間の拘留。 11月9日、飯降伊蔵、教祖と入れ違いに10日間拘留。 11月8日、風呂屋廃業（14日ごろ宿屋も）。 11月10日、まつゑ出直し（32歳）。

西暦	明治	教祖年齢	事項
1883	16	86	12月14日、転輪王講社解消。 このころ、おふでさきの筆を擱（お）かれる（全千七百十一首）。 3月24日、巡査巡回、鴻田らに説諭。眞之亮、一夜拘留。 6月1日、泥酔の巡査、乱暴を働き、お社・祖先霊璽（れいじ）を焼く。 8月15日、三島村民の懇願により雨乞いづとめ。にわかに豪雨。警官出張し祭具没収、一同を拘引。夜、教祖を引致。水利妨害・道路妨害の理由で科料。 10月16日、巡査出張。教祖を引致。 11月中旬、御休息所落成。25日（陰暦10月26日）真夜中、御休息所へ移られる。
1884	17	87	3月24日、教祖と鴻田、奈良監獄署に拘留。 4・5・6月の陰暦25～27日の間、教祖を警察署に留置。 8月18日、教祖、奈良監獄署に12日間拘留。出獄の日、出迎えの人力車数百台に及ぶ。 大阪天恵組信者・竹内未誉至「天輪教会」設立運動。おぢばに「教会創立事務所」設置。
1885	18	88	3月7日、眞之亮ほか教会創立事務所で会合。以後、設立運動本格化。 4月29日、「天理教会結収御願」を大阪府知事に提出（却下）。 5月23日、神道本局から、神道直轄6等教会設置許可。 7月3日、「神道天理教会設立御願」を男爵・今園国映を担任として再願（却下）。

1886	明治19	89	2月18日、心勇講の信者が豆腐屋旅館でてをどりを勤め、警官が解散を命じる。教祖、眞之亮ら櫟本分署に引致。教祖、12日間の拘留（最後の御苦労）。 3月30日、眞之亮、教会開設出願のため上京。 5月28日、神道本局から来訪調査。地方庁認可まで大神教会の管理下にあるよう命じる。眞之亮、五カ条の御請書提出。 7月21日、「つとめの手、稽古せよ」と仰せられる。
1887	20	90	1月1日、教祖、風呂から出てよろめかれる。以後49日間、最後のお仕込みをされる。 1月4日、ご容体急変。飯降伊蔵を通じておさしづ。翌日から連日お詫びのつとめとねり合い。 2月18日（陰暦正月26日）、午後1時ごろから鳴物を入れてのかぐらづとめ。午後2時ごろ、教祖、現身をかくされる。

真実の道

道を啓いた先人・先輩の教話集　―ひながた編―

立教186年（2023年）5月1日　初版第1刷発行

編　者　天理教道友社

発行所　天理教道友社
〒632-8686　奈良県天理市三島町1番地1
電話　0743（62）5388
振替　00900-7-10367

TENRIKYO DOYUSHA

印刷所　株式会社天理時報社
〒632-0083　奈良県天理市稲葉町80

ISBN978-4-8073-0658-9
定価はカバーに表示